U0453588

中学语文现当代诗歌 "诗教"导论

张宇名　向笔群　刘梅　田景友◎著

吉林大学出版社

长　春

图书在版编目（CIP）数据

中学语文现当代诗歌"诗教"导论 / 张宇名等著. --
长春 : 吉林大学出版社, 2023.4
　　ISBN 978-7-5768-1620-4

　　Ⅰ.①中… Ⅱ.①张… Ⅲ.①诗歌 – 教学研究 – 中学
Ⅳ.①G633.302

中国国家版本馆CIP数据核字(2023)第068622号

书　　　名　中学语文现当代诗歌"诗教"导论
　　　　　　ZHONGXUE YUWEN XIAN–DANGDAI SHIGE "SHIJIAO" DAOLUN

作　　　者　张宇名　向笔群　刘梅　田景友
策划编辑　徐　佳
责任编辑　付晶淼
责任校对　周春梅
装帧设计　川石品牌
出版发行　吉林大学出版社
社　　　址　长春市人民大街4059号
邮政编码　130021
发行电话　0431–89580028/29/21
网　　　址　http://www.jlup.com.cn
电子邮箱　jldxcbs@sina.com
印　　　刷　济南普林达印务有限公司
开　　　本　880mm×1230mm　1/32
印　　　张　7
字　　　数　130千字
版　　　次　2023年4月　第1版
印　　　次　2023年4月　第1次印刷
书　　　号　ISBN 978-7-5768-1620-4
定　　　价　38.00元

序言：

"诗教"，当代中学生不可缺少的文化传统

"诗教"是我国教育重要的文化传统，其历史源远流长。早在春秋时期，孔子教育思想里就渗透着古代的"诗教"精神。"孔子的'仁'孕育了人的'德性''性情'，使孔门开始从'修德立身'的立场来读《诗》与用《诗》，由《论语》所开启的'诗教'，第一次自觉地从人的内在要求出发，通过'诗教'提升人的精神境界以'存心养性'。"[1]在新的中学语文课本中，最大的变化就是增加了大量古代的文学经典作品。古诗词在小学阶段更是篇目大增，从原来的75首增加到112首。可见，国家对传统文化教育的重视程度日渐提升。"诗教"成为中小学语文教学过程中的重要手段。作为语文教师，要了解与熟悉运用"诗教"传统，在践行"诗教"方面呕心沥血，成为传统文化连接学生的桥梁，使学生到达新时期传统文化认知的彼岸。

在不同的历史时期，"诗教"总是自觉不自觉地融入人们的成长过程中，人们从小学习的启蒙读本《三字经》《百家姓》等就属于"诗教"，儿童读唐诗及儿歌等童学内容就蕴含着

---

[1] 刘恒.孔子"诗教"的核心观念 [N].光明日报，2020-08-22.

"诗教"的文化启蒙。事实上，儿童教育最早就是从"诗教"开始的，只不过我们很多家长没有意识到这一点。儿童的诗歌读本，主要表达真、善、美、德及家国情怀等内容，就是"诗教"精神的传承与学习。

"诗教"不单纯用于中学生，同时也是全民提倡的文化传统。目前，清华大学已经成立"诗教"基地，其用意十分明显。"清华大学教授王玉明提出，要充分发挥清华大学文理渗透、古今贯通、中西结合的传统和多学科交叉融合的优势，打破各种界限，努力将师生文理工、诗词曲赋联、诵歌书画影融会贯通，合力打造中华传统诗词和新诗的综合美育基地，为培养德智体美全面发展的新人贡献力量。"[1]

不同的时代有着不同的诗教观。在一定的时代，"诗教"总是具有一定的历史语境，有着特有的文化内涵，但是尚仁、尚德、尚善、尚美的根本没有变。中学是学生成长的重要阶段，发挥"诗教"独特的育人作用，对学生的身心全面发展具有十分重要的意义。

长期以来，诗歌作为中学语文教育的重要组成部分，如何把握诗歌教学，这是语文教育界比较关注的现实问题。在现实的教学过程中，不少教师的诗歌教学停留在背诵和理解上，没有真正理解课纲对诗歌教学的要求，甚至出现了某种误读。"所谓'诗教'或者诗歌教学，扩大一点，则是文学教育，

---

[1] 清华大学诗教基地成立［EB10L］.（2022-01-17）.http://baijiahao.baidu.com/s?id=1722162275852005533&wfr=spider&for=pc.

现在都是比较受重视的。对于语文课为何要有诗歌、有文学，道理大家也都明白。但落实到教学中，教师们可能就不那么清楚，还可能有些困扰。"[1]出现这种状况的原因有哪些？一是中国的基础教学主要以应试教育为导向，教师教学总是围绕着升学这根指挥棒转，学校考核教师的标准就是升学率与学生的优生率等刚性指标；二是在中考高考的过程中，诗歌在试卷中的比重较少，为了学生的成绩，教师教学往往完全忽视诗歌"诗教"内涵，让学生一背了之，根本不用理解其"诗教"精神；三是某些教师自身能力的问题，不少语文教师不懂诗歌或者不懂"诗教"。有学者认为，中学语文教学过程中，有一些不懂诗歌的教师在教诗歌。这就导致"诗教"不能真正落实在课堂上。特别近些年来，诗坛上出现某些让人诟病的问题，诗歌这种文体被"恶搞"消解，把一些分行的文字贴上"诗歌"的标签，让不少读者产生疑问。这些消极的文化现象，也给中学语文诗歌教学增加了难度。传统的诗言志、诗言情等诗歌核心内容在现代某些诗歌中已经属于另类。外部消极文化现象在某种程度上直接影响了中学现当代诗歌的教学。

中学语文的现当代诗歌教学，是分为初中学段与高中学段进行的，每一个学段的诗歌基本上都是经过筛选的中外优秀诗篇，是经过时间的检验的，无论是诗歌的主题或者诗歌的表达形式，都在中、外现当代文学史上具有一定代表性。诗歌教学的本身就是培养学生的审美与鉴赏能力和文化修养，让学生

---

[1]温儒敏.小学语文中的"诗教"[J].课程·教材·教法，2019（6）：7.

在诗歌教学过程中，人格得到提升，审美品格发生积极变化。这些要求给中学语文教师提出了一种时代的挑战。部分教师认为，"诗教"存在于中国古代诗歌中，在现当代诗歌中，根本不存在"诗教"问题，其实这就是一种偏见。事实上，现当代诗歌来源于古代诗歌的传统，大多数现当代诗歌里饱含传统诗歌的精神与美学原则，只不过是外在的形式发生了某种变化，而根本价值与核心内容一脉相承。现当代诗歌的根在于传统诗歌，或者说，现当代诗歌是基于传统诗歌发展之上的。中国现当代诗歌起源于五四新文化运动的"文学革命"，由于新文化运动，让中国的诗歌文体发生了一些变化，形成了有别于传统形式的新文体。我们不可能将传统的诗歌与现当代诗歌彻底地割裂，而是应以发展的眼光看待这种新文体。所以，中学现当代诗歌教学的根在传统诗学的"诗教"，中学语文的现当代诗歌教学与传统古诗词一样，也应运用"诗教观"来进行教学。中学语文的现当代诗歌教学，是一部分中学语文教师教学的难点，也是教学过程中难以掩饰的痛点。找不到教学切入点，常常以传统的教学模式进行教学，以背诵加理解的方法一以贯之，让学生在学习过程中很迷茫；找不到现当代诗歌学习源头，只知道了解诗人的写作时代与目的，机械地对文本进行解读，忽视了诗歌是一个系统，蕴藏着很多文化信息，而教师应该从这些信息中，把握教学的基本原则，体现"诗教"原则。诗可以教，诗可以学，诗可以通。"诗教"是中学语文现当代诗歌教学的根本所在，如果中学语文教师不能在现当代诗歌教学中贯以"诗教"内涵，那么，现当代诗歌教学就会产生一种缺失。由此可见，中学语文教学中的现当代诗歌教学不能等闲视之，应该遵循传统诗歌的"诗教"策略，使现当代诗歌在中学语文教学中回到诗歌教学的本来，真正达到"诗教"的目的。

说到古代诗词"诗教"，教师还乐于接受。而谈到现代诗歌教学"诗教"，教师就有些茫然。产生这种状况的原因就是教师对现当代诗歌的认知不足。从某种层面上讲，现当代诗歌是传统诗词的变体而已。其诗歌的精神没有改变，只是体裁方面的变化。所以，现当代诗歌的教学也存在"诗教"的问题，就是这个问题常常被语文教师忽略，甚至无从下手，流于某种长期延续的教学模式，导致诗歌内涵教育的根本缺失。

不少中学语文教师教授现当代诗歌时，只是交代时代背景、诠释诗歌本身内容，于是就产生教学的偏差，使现当代诗歌教学中"诗教"的核心思想没有得到落实。究竟诗歌教学要达到什么目的？大多数语文老师的心中没有底，更多是以完成教学为目标。所以有必要厘清这个问题，针对不同阶段的中学生，有效地进行教学，探讨"诗教"在当下语文教学中的地位与思想，这是摆在我们每一个中学语文教师面前的一个比较迫切而现实的问题。

在中学语文教材的诗歌编排与课纲中饱含着"诗教观"，目的是传承与发扬中国的文化传统，让学生在德育、美育等方面得到提升。同时，"诗教"应该考虑到不同阶段学生的接受心理及成长发育过程，从不同层面凸显出"诗教"的侧重点。这就要求我们语文教育工作者，要结合学生的实际情况有效进行"诗教"。"近年语文教学界流行'整体感受'这个词，其实这是一种比较有效的教学理念。这种理念让'诗教'努力兼顾'溯源性审美'和'生发性审美'两个方面，更注重激发学生的想象力，调动他们的直觉思维和形象思维去拥抱诗歌的氛围和情感，这才是货真价实的'整体感受'。"[1]《普通高中语文课程标准（2020年修订版）》提出："语文核心素养"包含语言建构与运用、思维发展与提升、审美鉴赏与创造和文化传承与理解四个维度。其中"审美鉴赏与创造"正与"诗教"传统教育观有着天然的联系。学生在鉴赏诗歌的过程中，通过整体感受获得审美体验，接受诗歌审美情感的熏陶，人格得以塑造和提升。学生通过诗歌丰富的意境走进想象的天地，思想得以驰骋和遨游，想象力得以培养和锻造。由此可见，"诗教"的根本就是从学生的"情趣"与"品位"出发，激发学生阅读诗歌的兴趣，从而找到"诗教"有效的契合点。

　　"诗教"是一种须要长期践行与探索的文化教育体系，我们在教学过程中不能孤立地看问题，而是要从一套体系上进行"诗教"。事实上，每一首诗歌，都是一个文化系统，不能单纯从某一个切面出发，应该站在诗歌整体层面进行考察。特别是针对当下中学生的接受心理，有必要建设一套适合他们的诗歌教育体系。应该说，这是一个系统的工程，同时也是复杂与流变的综合工程。特别是在现当代的诗歌教学过程中，进一步探讨"诗教"价值体系，更显得具有现实意义。

[1]温儒敏.小学语文中的"诗教"[J].课程·教材·教法，2019（6）：7.

在一次有关现当代诗歌探讨会议上，我遇见了鲁迅文学奖的获得者谭旭东先生，我们谈到当下中学语文的诗歌教学时，我们的观点不约而同——诗歌教学过程中出现了一个问题，教师在教学过程中忽视了中国传统的"诗教"内涵，不少教师对诗歌的教学大多在于完成教学任务，从诗歌作者的写作背景进入，然后逐一地拆解分析。同时，也存在一些不懂诗歌的教师在教授诗歌，这是中学的现当代诗歌教学的一个短板。于是，他建议我带领学科语文教育的研究生进行这方面的课题研究。对于这次交流，让我对中学语文现当代诗歌的"诗教"研究有了一定的关注。这个看似平常的教学问题，承载着对教育传统与当下教学的思考。这个问题，在二十多年前，我当初中语文教师的时候，就有一点体会。与我同上语文课程的教师，他们对现当代诗歌的教学，就是让学生背诵，或者简单介绍一下作者的简历，然后就不了了之。而我主要从表现手法、语言特征及诗人的时代背景进行教学。现在反思一下，当时的教学有一定的缺失，或者说，我的诗歌教学没有真正入门。我忽视了诗歌中的审美意识，文学的最高境界是审美，审美教育也应该是诗歌教学中不可忽视的问题。

我本身毕业于西南大学中国新诗研究所，学习方向是中国现当代诗学，同时，我长期担任中学教师，其中一段时期担任过中学语文教师，为这方面的研究提供某种可能。做这方面的研究，往往是一种机缘巧合。2016年，我所在的铜仁学院与贵州师范大学联合招收学科教育研究生，我被遴选为硕士研究生导师（学科教育语文方向），这就为我提供了这方面的平台，使我可以带着我的研究生进行这方面的研究。2016年我招收的一名研究生张宇名,我有意识地把他朝中学语文诗歌教学方面引导。他是一个理科生,我给他布置不少有关"诗教"的专著及论文。从研一开始,我就建议他做这方面的研究。开始由于学习背景的关系,他是比较吃力的,但是在他读了一系列有关"诗教"的典籍之后,渐渐开始感兴趣。研二的时候,我安排的论文选题是《高中语文现当代诗歌"诗教"研究——以人教版教材为例》,我与贵州师范大学的导师一道探讨与规划该论文的写作路径,在很多方面我们都达成了共识。

作为一个没有做过高中语文教师的学生,做高中语文教学"诗教"研究确实是一个难题,好在他在铜仁一中实习了一年的高中语文教学,带他实习的就是全国教学名师代泽斌先生,这又为他的研究提供了某种可能。在一个好的教学环境里,得到一位教育名师的指导,那是一种做研究的幸福,也是人生有幸。在这方面他也付出了比一般学生更多的努力。作为他的指导教师,从论文设计到论文抽样调查,以及对部分中学语文的教师访谈,我都予以严格要求。研究的根本在于求真,目的在于推广与运用。有时,为一个词的表述、为调研的准确,我们进行了多次探讨。我一针见血地指出,研究成果不在于字数的多少,而是在于有没有意义,或者有没有推广价值。一年多时间里反复修改定稿,最后答辩得到专家们的好评,就是对这个研究的肯定。

从第一个学生做中学语文"诗教"研究得到一个启示,我就有计划地进行接下来"诗教"的研究。我的第一个研究生做高中语文现当代诗歌"诗教"研究，第二个研究生刘梅做初中语文现当代诗歌"诗教"研究。刘梅刚入学的时候，我就给她布置了有关"诗教"方面研究的任务，我明确给她讲，你的目标是做初中语文现当代诗歌"诗教"研究。刘梅的本科背景是中国语言文学，她做起来，相对容易进入一些。我给她开了一个书单，就是"诗教"方面的专著与当下教学前沿理论专著。其间，我们进行了一些探讨，特别对研究的路径进行一些调整。大师兄做高中语文现当代诗歌教学中的"诗教"研究，她做初中语文现当代诗歌教学中的"诗教"研究，如果不注意，就会做成"双胞胎"，研究的价值就会大打折扣。所以，我特别强调了学段年龄特征的问题。每一个学段，不同年龄的学生，学生的接受心理也不同，我们要充分地考虑研究的针对性。特别是对于初中生，"诗教"有可能是一个全新的理论，尽管在幼儿、小学阶段经常运用"诗教"，但是要建立初中语文教学中的"诗教"体系是一个难点，或者说很多初中语文教师不大同意这个观点。"诗教"是一个系统，不同时期有着不同的重点。所以从某种层面上说，做这方面的研究，有些像在钢丝上跳舞，有一种危险性，如果做得不好，就会覆灭。所以我和我的学生小心翼翼地在这个领域进行探索。我想，只要有探索精神，无论成功与否，这都是一种科学的精神。

《初中语文现当代诗歌教学"诗教"研究——以部编版教材为例》做出来之后，省、内外盲审专家给予充分肯定。我想，这也是对我们研究最大的一种褒奖。事实上，也让我在这方面看到了研究的曙光。我第三个学生明确的研究方向，就是在如何运用全媒体进行初中语文古诗"诗教"方面进行探索，第四个学生我布置的是现代诗学背景下高中语文古诗词教学"诗教"研究。我力图从中学"诗教"领域抛砖引玉，给中学语文教师打开一种新的局面，把中国"诗教"的传统与现代教学融会贯通。

重庆市酉阳第一中学校的田景友老师也参与了本书的撰写及修订工作，尤其对中学语文现当代诗歌教学提出了一些宝贵的建设性的意见。

结合一些同行专家的建议，把两个学生的学位论文修订成一部专著，目的是为当下中学的现当代诗歌教学起到一定抛砖引玉的作用。重庆市酉阳第一中学校的田景友老师也参与了本书的撰写及修订工作，尤其对中学语文现当代诗歌教学提出了一些宝贵的建设性意见，最终形成定稿。如果研究的成果不能为现实服务，那是没有什么价值的。因此，就有了《中学语文现当代诗歌"诗教"导论》这部专著的出现。从某种层面上讲，至少可以对中学语文现当代诗歌教学有一定的启示。或许有很多思考不到的地方，需要在以后的教学研究工作中进一步完善。

在传统文化振兴的时代，"诗教"传统不仅仅在启蒙教学与小学教学方面提倡，而且应该在中学教学中加以发扬光大。如果我们的研究得到一些同仁的认可，并在自己的教学实践中加以运用，那么，我们的探索就有了意义。

向笔群

2022年1月于铜仁

目　录

绪　　论

一、问题的提出

自古以来，中国就有着优良的"诗教"传统。早在春秋时期，孔子就提出了"兴、观、群、怨"的"诗教"思想，对诗歌的美学作用、认识作用、交往作用以及批判作用等给予充分肯定。随着社会的发展和变迁，"诗教"在不同的历史时期，被赋予不同的精神内涵，从先秦到汉魏六朝，从唐宋金元到明清，从民国到新中国，"诗教"随着历史语境的不同而有着不同的精神指向。

在21世纪的今天，我国对于教育提出了更高的要求。《中国教育现代化2035》中指出："发展中国特色世界先进水平的优质教育，全面落实立德树人根本任务，广泛开展理想信念教育，厚植爱国主义情怀，加强品德修养，增长知识见识，培育奋斗精神，不断提高学生思想水平、政治觉悟、道德品质、文化素养。"由此可见，理想信念和爱国主义精神的树立，人格塑造和德行的养成，创新能力和审美意识的培育，是未来教育对人才培养的趋势。这样的育人理念与我国古老的"诗教"传统在本质上是一脉相承的。继承"诗教"传统，并结合新的时代语境进一步丰富"诗教"内涵，是发展中国本土特色优秀传统教育的需要，也是践行先进教育理念内在规律的使然。

新一轮中学语文课程改革中，"语文核心素养"受到空前的重视。其中"思维发展与提升""审美鉴赏与创造"与本书"诗教"所倡导的育人观一脉相承。在《普通高中语文课程标准（2020年修订版）》中指出，"普通高中语文课程应继续引导学生丰富语言积累，培养良好语感""提高运用祖国语言文字的能力；语言文字运用和思维密切相关，语文教育必须同时促进学生思维能力的发展与思维品质的提升；语文教育也是提高审美素养的重要途径，要让学生在语言文字运用的学习中受到美的熏陶，培养自觉的审美意识和高尚的审美情趣。"语文课程兼具"工具性"和"人文性"的性质，使得提高学生人文素养成为中学语文教学的重要内容。长期以来，受功利化应试导向的影响，及多重复杂因素的制约，现当代诗歌在中学语文教学中没受到应有的重视，诗歌"诗教"价值的发挥更是无从谈起。因此，继承"诗教"优良传统，立足时代发展拓展"诗教"内涵，发挥现当代诗歌在立德、陶情、育美、启智等方面的作用，提高中学生综合素养，促进学生全面发展，是促进当前语文课程改革的需要，也是国家教育现代化发展的必然选择。

以往，传统古诗"诗教"理论研究颇多，而现当代诗歌"诗教"研究，似乎没有多少人涉及，甚至在当前教育领域，现当代诗歌的"诗教"价值，还没有得到应有的认可。这与当前教育界对现当代诗歌的认识有密切联系。虽然，在形式上和语言上，现当代诗歌与古典诗歌有着明显的差异，但是，现当代诗歌所承载的精神内涵与古典诗歌是相同的，诗歌中饱含的意象意境、丰富的情感和审美意趣是相通的。现当代诗歌不仅形式自由，语言明白晓畅，而且思想主题更加贴近时代特征，较之古典诗歌更容易被初高中学生理解接受，更能唤起学生情感和价值的共鸣，同样是发挥"诗教"作用的优良载体。

本书以初中语文教材（部编版）和高中语文教材（人教版）中的现当代诗歌教学为研究对象，结合新课标的要求，充分阐释现当代诗歌中的"诗教"内涵，对教材中的现当代诗歌教学现状进行调研，分析具体教学中存在的问题及成因，并针对现当代诗歌"诗教"教学现状，提出有针对性的"诗教"策略。

二、研究的现状

大量的文献查阅表明，至目前，初中和高中语文现当代诗歌"诗教"这一论题研究较少，一些论文主要是针对我国古典诗歌的"诗教"研究。从宏观上研究"诗教"作用的论文比较丰富，但从具体学段研究"诗教"的较少。国外关于这一课题少有涉及，故只作简要概述。

（一）国内研究现状

1.从"诗教"的教学策略进行研究

华东师范大学硕士陈海燕在《浅论"诗教"和提高中学生

素质》中，追溯了我国悠久的"诗教"传统，从素质教育的角度论证了"诗教"的重要性，并提出了诵读吟咏、以情施教、读写并重、拓展学习等具体的"诗教"策略。[1]福建师范大学硕士廖毅斐在《新课标指导下的诗教探究与成效》中，阐明了"诗教"对人格发展的重要作用，分析了当下"诗教"的现状，最后通过解读新课标理念提出感悟生命、培养兴趣、活动教学等具体的"诗教"方法。[2]上海师范大学硕士杨亚平在论文《新课程视阈下语文"诗教"功能斠原与骨力彰显》中，回顾了"诗教"的渊源和功能，探讨了"诗教"缺失对当下人文断层带来的影响，分析了"诗教"在培养德育、涵养心灵、引导审美、锤炼语言等方面的重要性，并提出了通过累积奠定基础、吟诵加强语感、比较阅读拓宽视野、细读把握主旨、素描再造风景等一系列具体的"诗教"策略。[3]孙轶青在《为校园诗教高歌礼赞》中，指出"诗教"对于提高学生人文素养的重要性，并总结了诗词走进校园八条经验，为校园"诗教"的开展提出了宝贵建议。[4]杨叔子在《文化要传承，诗教应先行》中认为，中国优秀经典文化含有丰富的人生哲理、优良的精神品质，其包含的人文精神具有强大的生命力，通过诵读经典，可以陶冶情感，活跃思维，凝聚人心，可以弘扬培育伟大的民

---

[1]陈海燕.浅论"诗教"和提高中学生素质[D].上海：华东师范大学，2006.

[2]廖毅斐.新课标指导下的诗教探究与成效[D].福州：福建师范大学，2006.

[3]杨亚平.新课程视阈下语文"诗教"功能斠原与骨力彰显[D].上海：上海师范大学，2012.

[4]孙轶青.为校园诗教高歌礼赞[J].教育与职业，2004（1）.

族精神，他认为"诗教先行"是功在当代、利在千秋的一项伟大事业，进一步强调诵读经典诗歌的重要性。[1]鲁金华在《诗教：孔子的价值取向与教学方法》中认为，孔子是中国教育史上进行"诗教"的开拓者，为了使弟子获得"思无邪"的道德教育，提高弟子的综合素质，孔子主要采用说教告知、答疑解惑、评人论事、雅言示读等"诗教"教学方法。[2]黄志浩在《孔子的诗教与教诗》中，总结归纳了孔子的"诗教"方式：以"雅言"进行诗歌教学，在教《诗》的过程中教学生识字并进行相关知识的传播，也会联系历史史实而串讲古文本义，强烈地体现"诗教"的致用意识。[3]苏静在其硕士毕业论文《诗意让教育如此美丽——"新诗教"的理论与实践研究》中认为，中国自古以来就是诗的国度，"诗教"的历史源远流长，优秀的古诗词反映了中国人的思维方式、心性情趣和审美追求，进而提出对中国"诗教"的现代价值进行多元探析，丰富新时代"诗教"的价值内涵，涵养人格力量，实现自我超越，提升受教育者的人文素养，并提出了相应的"诗教"策略。[4]

2. 从"诗教"的功能价值进行研究

孙德旭等在《"诗教"的德育功能及其实施》一文中认

[1] 杨叔子.文化要传承 诗教应先行［J］.教育与职业，2004（01）：12-13.

[2] 鲁金华.诗教：孔子的价值取向与教学方法［J］.华中科技大学学报：社会科学版，2003，17（3）：4.

[3] 黄志浩.孔子的诗教与教诗［J］.甘肃社会科学，2008（04）：29-32.

[4] 苏静.诗意让教育如此美丽——"新诗教"的理论与实践研究［D］.苏州：苏州大学，2007.

为，目前我国学生面临着"德育危机"，而这种危机主要源于德育理念的教条化，缺乏具体的内容和丰满的形象，以及德育方法的单调性，枯燥乏味导致学生德育效果不佳。因此，他认为批判地继承"诗教"优良传统是摆脱德育危机的重要方式之一，肯定了"诗教"的德育作用。[1]邵庆祥等在《当代诗教美育意蕴、原则及其实践策略》中认为，在当今社会，过分地追求物质利益导致人们精神世界的荒芜、文化信仰的缺失，人格危机日益显现。而当代"诗教"美育从外能保持人与自然社会的和谐，从内能够唤醒人们心灵的本真，充分挖掘诗教美育，对实现人的真善美培育具有重要的意义。[2]吴忠孝在《诗教：语文教育人文性建构的有效途径》中认为，语文教育应发扬"诗教"传统，使学生的心灵在诗意的环境里受到熏陶，让学生成为德才兼备、知书达理的人。[3]查有梁在《发扬诗教功能　建构诗意人生——兼评〈诗意语文学本〉》中认为，传统"诗教"具有"兴观群怨""兴于诗，立于礼，成于乐""不学诗，无以言"的三大功能，并强调语文教学应当重视"诗教"价值，建构富有诗意的人生。[4]徐梅在《论儒家的

[1]孙德旭，曲奎国，姜爱玲."诗教"的德育功能及其实施[J].当代教育科学，1996（4）：54-55.

[2]邵庆祥，裘文意.当代诗教美育的意蕴、原则及其实践策略[J].当代文坛，2010（1）：62-66.

[3]吴忠孝.诗教：语文教育人文性建构的有效途径[J].福建教育学院学报，2014，15（5）：15-17.

[4]查有梁.发扬诗教功能　建构诗意人生——兼评《诗意语文学本》[J].中国教育学刊，2007（4）.

审美教育思想》一文中，指出儒家的审美教育思想主要表现在礼乐之教、诗教及审美人格的培养等方面，强调"诗教"是独立于礼乐教化之外的另一种重要的教育方式，肯定了"诗教"的审美教育价值，强调了"诗教"的人格塑造作用。[1]苏亦工在《试论中国诗教传统的社会批评功能：从言者无罪到表达自由》中，从社会功能角度阐释了中国古人"言者无罪"的政治思想是"诗教"的优良传统，中华儿女坐拥如此丰厚的文化遗产理应发扬光大，推陈出新，将中国古代"言者无罪""闻者足戒"的批判精神落实到现实社会实践层面，充分发挥"诗教"的批判功用。[2]梁东在《诗教，为了中华民族的振兴》中指出，诗歌最凝练、精美地体现了人类原创性思维的智慧，强调了"诗教"启迪智慧的价值，认为"诗教"是催化美育的摇篮，从民族的高度阐述了"诗教"崇高审美意义，并从文化认同的角度，强调"诗教"是民族意识的回归，我们应当继承"诗教"传统，与时俱进地坚持中国特色的当代"诗教"育人方式，并号召全社会携起手来，把"诗教"工作推向新的高度。[3]朱利萍在《教育性的回归：高等职业教育的当代命题——基于诗教美育的实践选择及其策略》中认为，中华诗词独特的审美特质决定了"诗教"独有的美育功能，强调以"诗教"美育激活专业教育、以"诗教"美育激发诗性思维，达成

[1]徐梅.论儒家的审美教育思想[J].教育探索，2010（6）：3.
[2]苏亦工.试论中国诗教传统的社会批评功能：从言者无罪到表达自由[J].政法论坛：中国政法大学学报，2011，29（05）：19-39.
[3]梁东.诗教，为了中华民族的振兴[J].教育与职业，2004（01）：14-15.

诗化人生的终极目的。[1]唐燕在《人心暴戾的化育：学生暴力行为的诗教可能》中指出，"诗教"是值得复兴的教化传统，诗歌的教化追求的是润物无声的育人境界，让学生通过诗文的教化作用反思偏执的暴力逻辑，化解自身的暴戾之气。[2]于俊英在《经典诗歌诵读对高职学生可持续发展能力的作用——鉴于语文经典诵读探讨》中认为，诗歌的诗意表达让我们更容易发现生活中的真善美，经典的诗歌为我们营造了属于个人的心灵空间，给人思想启迪和灵魂的震颤，强调通过经典诗歌诵读让学生发现诗文中的真善美，增强可持续发展的能力。[3]

3. 从"诗教"的意义呼唤"诗教"的回归

谢有顺在《"诗教"的当下意义》中认为，诗歌的力量不可小觑，它一旦深入人心，那种诗意的价值观、审美和艺术会影响人的一生。[4]郜东星在《放弃诗教：中国教育的百年迷途》中认为，"诗教"是与中国人心灵相契合的教育形态，是中华民族悠久的教育文明。重建"诗教"权威是挽救当前中国人道德危机的必然选择。[5]杨叔子在《经典需诵读，诗教应先

---

[1] 朱利萍 . 教育性的回归：高等职业教育的当代命题——基于诗教美育的实践选择及其策略 [J] . 中国高教研究，2010（3）：2.

[2] 唐燕 . 人心暴戾的化育：学生暴力行为的诗教可能 [J] . 湖南师范大学教育科学学报，2016，15（3）：6.

[3] 于俊英 . 经典诗歌诵读对高职学生可持续发展能力的作用——鉴于语文经典诵读探讨 [J] . 语文建设，2014（27）：59-60.

[4] 谢有顺 . "诗教"的当下意义 [J] . 文艺争鸣，2010（23）：1-3.

[5] 郜东星 . 放弃诗教：中国教育的百年迷途 [J] . 当代教育论坛，2011（16）：12-14.

行——一项弘扬与培育民族精神的战略措施》中认为，文化需传承，"诗教"要先行，这是培养民族精神的必然战略。[1]杨喜华在《中学语文教学呼唤"诗教"回归》中认为，"诗教"在提升学生人文素养、弘扬民族精神、发展学生能力及陶冶学生心灵等方面发挥着重要作用，呼唤语文课堂"诗教"的回归。[2]蓝冰在《试论"诗教"传统的继承与演变——兼论"诗教"传统的当下意义》中，论述了"诗教"经历了数千年的传承和演变，"诗教"的内涵和外延都有了明显的丰富和发展，他认为"诗教"传统经历传承和创新后，已成为国民人文素质教育的重要基础，弘扬"诗教"对继承优秀传统教育文化基因具有重要意义。[3]卢倩在其硕士论文《孔子"兴观群怨"诗教观的现代教育意义研究》中，从"兴观群怨"的"诗教"功能来研究孔子的教育思想，在历史与现代之间寻求有效契合点，通过传承创新，充分挖掘孔子"兴观群怨"诗教观的现代教育意义，从教育角度阐释了孔子的诗教观，并阐述其对学生发展、教师发展、学校发展和社会发展的现实意义，让孔子的教育思想在今天的教育教学活动中重放异彩，为现今的教育改革发展提供一些有益的启迪。[4]

---

[1] 杨叔子.经典需诵读,诗教应先行——一项弘扬与培育民族精神的战略措施[J].华中科技大学学报（社会科学版），2004，18（1）：1-7.

[2] 杨喜华.中学语文教学呼唤"诗教"回归［D］.长沙：湖南师范大学，2003.

[3] 蓝冰.试论"诗教"传统的继承与演变——兼论"诗教"传统的当下意义［J］.辽宁师范大学学报（社会科学版），2009，32（4）：68-72.

[4] 卢倩.孔子"兴观群怨"诗教观的现代教育意义研究［D］.武汉：湖北大学，2014.

（二）国外研究现状

"诗教"的概念源于中国，由于语言的差异，西方没有准确语言对应中国"诗教"的概念，但西方诗歌的教化作用与中国"诗教"的内涵指向一致。贺拉斯在《诗艺》中指出古代诗歌教导人们划分公私，划分敬渎，禁止淫乱，制定夫妇礼法，建立邦国。古希腊时期，诗歌激发人们雄心，神的旨意是通过诗歌传达的。诗歌给人们以生活道路的指引，在整天的劳动结束后，诗歌给人们带来无限的欢乐。[1]诗人锡德尼认为诗是人们获得知识的启蒙，认为人生来"堕落"，虽有"智力"但意志"不纯"，必须进行诗歌教育。[2]柏拉图重视诗歌的道德价值，亚里士多德强调诗歌的审美价值，他认为诗比历史"更富于哲学意味"，古罗马诗人贺拉斯则认为"诗的任务是禀承神旨以指导人生"，诗能起到"寓教于乐"的作用等。[3]这些思想和观念在本质上都体现了中国诗教的陶情娱乐、启迪智慧的内涵和价值。

（三）研究现状述评

通过对国内外相关文献的整理分析，可以发现以下优点与不足。

1.研究优点

（1）发扬"诗教"传统，弘扬我国优秀的教育传统文化。

[1]亚里士多德.诗学·诗艺［M］.罗念生，译.北京：人民文学出版社，1962：156-158.

[2]伍蠡甫.欧洲文论简史［M］.北京：人民文学出版社，1985：84.

[3]伍蠡甫.西方文论选［M］.上海：上海译文出版社，1988.

一些研究者认识到了"诗教"的人文价值，呼唤"诗教"回归语文课堂，并且在继承前人"诗教"理论的同时，结合时代精神文明的需求，丰富发展了"诗教"的内涵，这在一定程度上拓展了我国新的"诗教"理论。

（2）多角度研究"诗教"理论，为后人研究提供了丰富的文献资料。研究者们从历史变迁、教学方法、功能价值等方面对"诗教"进行研究，充分肯定了"诗教"回归的重要意义，并分析了"诗教"理论和实践中存在的问题，这些多维度的研究以及鲜明的问题意识，为广大"诗教"研究者提供了宝贵的经验。

2. 研究不足

（1）缺乏系统性的教学研究。很多研究者都认识到了"诗教"的人文价值，也提出了一些具体的教学方法，但更多是从自身的认知经验出发，很少采用科学的调查研究方法，也没有考虑到现实教学中存在的问题，还处在一种经验认知的层面，没有上升到理论的高度。

（2）研究的范围不够全面。虽然前人对"诗教"研究的范围已较为广泛，包括教学方法、功能价值、现实意义等，但从研究文献来看，更多的是对古典诗歌的"诗教"研究，而对现当代诗歌的"诗教"研究几乎无人问津。而且，对于"诗教"现状及存在的问题分析不足，这反映了"诗教"的研究内容尚待补充。

（3）缺少地域性差异的研究。学界对"诗教"的研究，基本上是围绕"诗教"的人文价值泛泛而谈，很少考虑到地域性差异，不同的地域，其教育水平、教材版本、师资力量、学生基础等各不相同，这就需要提出切合实际的"诗教"方法，帮助中学语文老师更好地进行诗歌教学。

（4）没有结合具体学段系统研究。初中生、高中生有不同的心理特征，初中语文教材（部编版）和高中语文教材（人教版）对现当代诗歌教学有不同的教学特点和要求，这就需要针对初中语文教材（部编版）、高中语文教材（人教版）中的现当代诗歌文本具体分析，提出有针对性的诗教策略。

综上所述，以上研究有很多优点，为"诗教"研究提供了丰富的营养。但是，研究的不足也为本书提供了新的研究思路，中学语文现当代诗歌"诗教"研究，应结合具体的教学实际，本着从"实践中来，到实践中去"的原则，在调查现状、分析问题的基础上，提出科学的"诗教"策略，力求为一线教师提供一些有效的教学建议。

三、研究的方法

本书采用的研究方法主要有：

（1）文献研究法。在研究的前期，先搜集与"诗教"相关的研究文献，通过文献了解"诗教"的研究现状。

（2）问卷调查法。针对研究的对象和问题，设计"诗教"研究调查问卷，问卷设计充分考虑到问题设置的科学性和合理性，从而保证问卷调查的有效性。

（3）统计分析法。收集问卷调查以后，采用数据统计的方法，统计出相关数据，制成统计图表，便于对现状分析和描述。

四、研究的意义

（一）理论意义

1.丰富"诗教"内涵

我国有着悠久的"诗教"传统，从孔子提出"兴观群怨"的"诗教"理论，拓展为当代"立德、育美、启智、创新、爱国"[1]的"诗教"育人观。本书所提出的"诗教"内涵立足"立德树人"根本任务，结合当代教育发展理念开拓创新，使"诗教"内涵得以丰富。

2.拓宽"诗教"理论体系

以往关于古典诗歌的"诗教"研究颇多，而现当代诗歌的"诗教"研究却寥寥无几。本书对中学语文现当代诗歌"诗教"进行研究，结合初中和高中语文新课程标准要求，以提高中学生人文素养为核心，提出有针对性的"诗教"策略，构建中学语文现当代诗歌的"诗教"体系。

（二）现实意义

1.提升学生人文素养

在科学主义旗帜高扬的今天，人文教育似乎被边缘化。随着时代的发展，人们越来越认识到人文教育的重要性。杨叔子

---

[1]邵庆祥.人文素养与中华诗教［M］.杭州：浙江大学出版社，2011：9.

院士说过："教育就是以文化育人，教育定位在文化领域中，不能'错位'，也不能'失位'，没有科学文化，就没有'立世之基'；没有人文文化，就没有'为人之本'，就会异化人性，就可扼杀灵性。"[1]在人文主义淡漠的今天，倡导"诗教"是人文教育的需要，也是社会发展对人才素质的要求。

2.促进现当代诗歌教学实践

现当代诗歌是中学语文教材的重要组成部分，但由于受多重因素的影响，一直以来都处于课堂教学的边缘区，加之一些教师现当代诗歌教学理论的不足，导致"诗教"的功能价值在中学语文课堂教学中难以彰显。本书结合具体教学实践，根据不同学段中学生的心理特征，分别以初中语文和高中语文为研究对象，提出有针对性的"诗教"策略，力争为一线教师提出一些有效的教学建议。

五、创新与不足

（一）创新之处

第一，研究内容上。以往的"诗教"研究主要体现在古典诗歌方面，而现当代诗歌"诗教"研究却几乎无人涉及。本书对现当代诗歌"诗教"进行研究，一定程度上能弥补现当代诗歌"诗教"体系的不足。

第二，研究方法上。大多学者认识到"诗教"的人文价

---

[1]杨叔子.知否诗魂是国魂[J].华中科技大学学报（社会科学版），2011，25（1）：120-122.

值，却没有进行系统的论证。本书梳理了"诗教"的产生和发展，分析了"诗教"在当今教育背景下的意义，并结合中学语文的学科特点和具体教学实践，通过调查分析，提出科学的"诗教"策略，论证了现当代诗歌"诗教"实施的可行性和必要性。

（二）不足之处

第一，研究范围小、时间较短。本书受地域限制，在分析现当代诗歌"诗教"现状时，仅以贵州省铜仁市某初级中学、某高级中学的教情和学情作为调研对象，"诗教"研究范围也仅限于工作地区。并且主要是利用空余时间进行调查，从而对研究结果有一定的影响。

第二，研究者自身教学理论与经验不足。笔者在教学实践中存在教学经验不足、教学方法不完善等问题，自身的诗歌理论素养和教研水平有限，尤其是对"诗教"现状的把握可能不够全面，提出的"诗教"教学策略可能存在不足。

第一章 中学语文现当代诗歌"诗教"概述

"诗教"是我国悠久的教育传统。以往关于古典诗词的"诗教"研究颇多，而对现当代诗歌的"诗教"研究少有涉及。本书对中学语文现当代诗歌进行"诗教"研究，对"诗教"的内涵加以界定，对"诗教"的产生与发展加以梳理，并探讨"诗教"与中学语文教育的关系。

第一节 "诗教"的内涵

"诗教"是我国古代一种重要的教育形式。"诗教"一词最早见于《礼记·经解》，其引孔子之言曰："入其国，其教可知也。其为人也温柔敦厚，《诗》教也。"[1] 这里的"诗教"是指通过学习《诗经》达到对百姓教化的目的。

从先秦至两汉，儒家通过《诗》教，实现"修身、治国、齐家、平天下"的人生理想。随着时代的发展，《诗》教的内

---

[1] 张少康.中国文学理论批评史（上）[M].北京：北京大学出版社，2005：22.

涵也得以丰富，逐渐从《诗》教过渡到"诗教"，但是，无论时代怎样发展，通过诗歌陶冶人的性情，培养人高尚的情操是不变的。

本书所定义的"诗教"，是指以中学语文现当代诗歌为载体，发挥其对中学生的教化作用。在充分吸纳传统"诗教"优秀理论成果的基础上，结合当今语文课程教育改革的新发展理念，充分发挥现当代诗歌在"立德、育美、启智、创新、爱国"[1]等方面的"诗教"作用，从而提高学生的综合素养，促进学生的全面发展。

第二节 "诗教"的产生和发展

一、国内"诗教"思想

（一）我国古代的"诗教"思想

"诗教"传统最早可以追溯到春秋时期。关于"诗教"对道德修养的作用，《论语·泰伯》中记载了孔子"兴于诗，立于礼，成于乐"[2]的观点，孔子认为诗、礼、乐是进行道德修养的几个必经阶段；关于诗歌的政治外交作用，《论语·子路》中记载："子曰：诵《诗》三百，授之以政，不达；使于

---

[1] 邵庆祥.人文素养与中华诗教［M］.杭州：浙江大学出版社，2011：9.

[2] 朱熹集注.论语 大学 中庸［M］.上海：上海古籍出版社，2013：98.

四方，不能专对；虽多，亦奚何为？"[1]当时人们需要借助一定的诗赋来实现政治外交活动，如果不懂《诗经》，在外交活动中就无法听懂别人的意图，也就无法顺利地完成政治外交活动；关于诗歌的社会作用，《论语·阳货》记载："子曰：小子何莫学夫《诗》？《诗》可以兴，可以观，可以群，可以怨。"[2]诗歌可以抒发情志，可以观察社会自然，可以结交朋友，可以怨愤不平之事。孔子提出了"兴、观、群、怨"的"诗教"思想，强调诗歌的审美作用、认识作用、团结作用及批判社会的作用。孔子对于诗歌的见解和分析，奠定了我国传统"诗教"的思想根基，对后世"诗教"思想的发展产生了深远的影响。

汉代时期，建立了大一统的局面，大汉帝国为维护其统治，逐渐重视儒学，儒家"诗教"思想受到重视。这一时期尤其强调诗歌的社会政治教化功能，提倡"温柔敦厚"的"诗教"思想。《毛诗序》指出，"故正得失，动天地，感鬼神，莫近于诗。先王以是经夫妇，成孝敬，厚人伦，美教化，移风俗"[3]，充分肯定了诗歌在矫正政治得失，建立良好夫妻关系，培养孝顺品格，以及美化风俗等方面的作用。

魏晋南北朝时期，"诗教"突破了先秦"诗言志"的传统，更加强调诗歌的抒情性和审美价值。陆机在《文赋》中

---

[1]朱熹集注.论语 大学 中庸［M］.上海：上海古籍出版社，2013：153.

[2]朱熹集注.论语 大学 中庸［M］.上海：上海古籍出版社，2013：206.

[3]郭绍虞.中国历代文论选：一卷本［M］.上海：上海古籍出版社，2001：30.

提出"诗缘情而绮靡"[1]的主张，具有开一代风气的重大意义。他强调缘情，少讲言志，使诗歌感情抒发不受礼仪规范的约束，体现出对诗歌审美价值的追求。刘勰的《文心雕龙》中有专门的部分论述诗，他提出"人禀七情，应物斯感，感物吟志，莫非自然。"[2]人有喜、怒、哀、惧、爱、恶、欲七种情感，受到外界的刺激就会有不同的感受，这是多么自然的事情啊！他认为人们通过诗歌抒发情感是自然流露。钟嵘在《诗品》中提出了较为系统的诗歌理论，在《诗品序》中，他提出了如下观点："气质动物，物之感人，故摇荡性情，形诸舞咏。"[3]他强调诗歌是作者感情活动的外在表现，即气之所始发，物之所感动，才使人性情摇荡，并以舞蹈吟咏的形式表现出来。他认为诗歌的本质是表现人的情感，而不是道德教化。

唐代是诗歌发展的繁盛时期，这一时期出现了大批的优秀诗人，他们对"诗教"提出了一些新的见地。陈子昂在《与东方左史虬修竹篇序》中说："观齐梁间诗，彩丽竞繁，而兴寄都绝。"[4]兴，指感兴，审美意象对人有所感发的作用；寄，指寄托，指是各种寄托于意象之中的思想情感，"兴寄"即强调诗歌要有充实的社会内容。李白崇尚自然清新的诗歌风格，正如"清水出芙蓉，天然去雕饰"[5]，追求诗歌清新自然的审

[1]郭绍虞.中国历代文论选：一卷本［M］.上海：上海古籍出版社，2001：67.
[2]王志彬译注.文心雕龙［M］.北京：中华书局，2012：58.
[3]郭绍虞.中国历代文论选：一卷本［M］.上海：上海古籍出版社，2001：106.
[4]郭绍虞.中国历代文论选：一卷本［M］.上海：上海古籍出版社，2001：119.
[5]李白.李白诗选·第1版［M］.北京：人民文学出版社，1954：95.

美理想。杜甫处于唐朝由盛转衰的转折期，他的诗歌表现出忧国忧民的"诗教"思想，"安得广厦千万间，大庇天下寒士俱欢颜"[1]。杜甫继承了儒家"诗可以怨"的传统，他的"诗教"思想是对社会黑暗的愤怒批判，对贫苦百姓的深厚同情。白居易则强调诗歌的社会作用，他认为诗歌创作要起到"救济人病，裨补时阙"的社会作用，正如《与元九书》中所说："文章合为时而著，歌诗合为事而作"[2]，体现出了以民为本的"诗教"思想。

　　宋代的诗歌理论也非常发达。以朱熹为代表的理学家主张诗歌创作要把"义理"放在第一位，他在《清邃阁论诗》中说："今人不去讲义理，只去学诗文，已落得第二义。"朱熹反对诗歌只追求诗的艺术技巧，而不讲义理，他认为德性的高下是评价诗歌优劣的标准，而不要单一追求诗歌的艺术性。明清时期，"诗教"思想得以进一步变迁，这一时期封建专制主义加强，"诗教"传统存在明显的思想冲突。王夫之是这一时期重要的诗歌理论批评家，他认为诗歌创作的目的在于"曲写心灵，动人兴观群怨"[3]。既肯定了诗歌的抒情特质，又肯定了诗歌"兴、观、群、怨"的社会作用。但是为了维护封建统治，他反对传播离经叛道的新进思想。

[1] 中国社会科学院文学研究所.唐诗选（上）[M].北京：人民文学出版社，1978：284.

[2] 郭绍虞.中国历代文论选：一卷本[M].上海：上海古籍出版社，2001：141.

[3] 郭绍虞.中国历代文论选：一卷本[M].上海：上海古籍出版社，2001：315.

（二）近现代时期的"诗教"思想

近代一些有识之士受启蒙思潮的影响，文学思想带有明显的进步性。他们反对程朱理学对人性的压制，主张诗歌创作需真情实感。龚自珍在《书汤海秋诗集后》一文说："人以诗名，诗尤以人名。唐大家若李、杜、韩及昌谷、玉溪；及宋、元，眉山、涪陵、遗山，当代吴娄东，皆诗与人为一，人外无诗，诗外无人，其面目也完。"[1]他认为诗歌是个性的体现，"诗教"不是道德教化的工具，而是抒发真实情感的载体。魏源则重视"诗教"的社会功用，他要求诗歌能够为济世救民服务，他在《默觚上·学篇二》中说："文之用，源于道德而委于政事，百官万民，非此不丑……"[2]强调诗歌要重视经世致用。梁启超则提出了"诗界革命"的口号，他在《夏威夷游记》中提出，要把"欧洲之精神思想"输入中国，改造中国传统的诗歌，使之具有"新意境""新语句"，他的"诗教"思想主要体现在运用诗歌作为武器，批判封建的旧制度、旧思想。黄遵宪则提出了"我手写吾口"的"诗教"思想，他提出"诗之外有事，诗之中有人。今之世异于古，今之人亦何必与古人同"[3]，具有一定的进步意义。

1919年五四运动至1949年新中国成立以前，随着"孔家店"被打倒，"诗教"的儒学观受到抨击。在这个时期，新体

---

[1] 郭绍虞.中国历代文论选：一卷本［M］.上海：上海古籍出版社，2001：377.

[2] 张少康.中国文学理论批评史（下）［M］.北京：北京大学出版社，2005：397.

[3] 郭绍虞.中国历代文论选：第4册［M］.上海：上海古籍出版社，2001：127.

白话诗的出现部分取代了旧体诗的地位，使得"诗教"思想内涵呈现多元化特点。无论是鲁迅、毛泽东、闻一多、郭沫若，还是徐志摩、艾青、郭小川、臧克家等一批优秀的新诗人，都旗帜鲜明地提出"以诗育人"的"诗教"思想，在这个激变的历史时期形成新的"诗教"高峰。

在这一时期，传统文化受到猛烈的抨击，一些著名的教育家依然坚持要重视中国传统文化。朱光潜是我国著名的文艺评论家，他说："要养成纯正的文学趣味，我们最好从读诗入手。"[1]他认为诗歌是培养文学素养的基础，朱光潜在《诗论》中，把诗看作是"有音律的纯文学"，认为"诗和音乐一样，生命全在节奏"。他认为诗歌具有音乐美感，主张要诵读诗歌。朱自清在《经典常谈》中指出"经典的作用，不在于实用，而在于文化"[2]，无疑，诗歌是文学的经典，有着重要的文化价值。

（三）当代教育背景下的"诗教"思想

新中国成立后的三十年，这一时期的"诗教"具有政治强化和全民普及的特点。其最大的特点在于以鲜明的时代精神唤醒民众，激励和引导人们投身于社会主义革命和社会主义建设的伟大事业中去。

改革开放以后，我国以经济建设为中心。人们在获得巨大物质利益满足的同时，却忽视了人文教育，使学生的人文

---

[1]朱光潜.朱光潜美学文集（第二卷）[M].上海：上海文艺出版社，1982：55.

[2]朱自清.经典常谈[M].北京：北京出版社，2004：1.

素养开始下滑，人们开始变得浮躁，学生不阅读文学经典，缺乏人文精神，一系列社会事件的发生，使许多有识之士意识到了问题的严重性。国民精神文化日益衰微，何谈建设一个富强民主的现代化国家。20世纪90年代以来，学界关于诗词的一系列重要研讨和实践活动，标志着当代"诗教"新时期的到来。1999年，在武汉召开的中华诗词学会第十二届研讨会上，中国科学院院士杨叔子教授认为"文化要传承，经典需诵读，'诗教'应先行"[1]。2000年，中华诗词学会在深圳召开第十三届研讨会，将"中华诗词走进中小学校园"作为会议的主题，校园"诗教"在全国范围内逐步展开。2017年，在北京举行的庆祝中华诗词学会成立三十周年暨促进诗词文化繁荣发展座谈会上，领导同志充分肯定了三十年以来中华诗词学会在推动理论研究、诗词创作和诗词育人等方面的重要作用，并希望中华诗词学会立足当下，坚定文化自信，弘扬中华诗词之美，以展现中华民族诗词文化独特的魅力。一个国家没有自己的文化传统，就没有强大的文化根基，就难以自立于世界民族之林。弘扬优秀教育传统，提倡"诗教"文化的回归，是当今教育发展的需要，也是民族内在发展的需求。时代在变迁，"诗教"的内涵自然也要进一步补充，现代社会怎样充分发挥"诗教"在审美、育德、陶情、创新等方面的功能价值，提高学生的综合素质，值得我们深入探讨。

---

[1] 杨叔子.经典需诵读诗教应先行——一项弘扬与培育民族精神的战略措施[J].
华中科技大学学报（社会科学版），2004，18（1）：1-7.

二、国外"诗教"理念

"诗教"是人类文明的共识，虽然外国没有具体的"诗教"一词，但是通过诗歌来实施对人的教育，在国外也有着一定的历史。

早在古希腊、古罗马时期，就有关于诗的著作。古希腊哲学家柏拉图主张通过诗歌教育公民，亚里士多德则在《诗学》里探讨了诗的起源、诗的真实性和诗的分类等问题，他认为诗比历史更加具有哲学意味。古罗马诗人贺拉斯认为"诗的任务是禀承神旨以指导人生，在模仿自然时允许虚构，但必须合乎情理、切近真实，才能予人以教益和娱乐"[1]，强调了诗歌"寓教于乐"的功能。14至18世纪，意大利文学批评家卡斯特尔维屈罗强调诗歌的娱乐价值，法国古典主义批评家布瓦洛在《诗的艺术》中认为诗歌创作要尊重理性，德国诗人歌德在《诗与真》中认为"诗须天真自然，抒发情感，体现个性，打破陈规"。[2]19世纪，英国的浪漫主义诗人柯勒律治认为"诗的本质在于人与自然之间的一致与和谐"[3]，英国诗人雪莱认为"诗应该跟上时代的步伐，须有音乐感，并予人以快感，从而发挥诗的作用"[4]，俄国文学批评家别林斯基强调文学的

---

[1] 伍蠡甫.西方文论选（上卷）[M].上海：上海译文出版社，1988：97.

[2] 伍蠡甫.西方文论选（上卷）[M].上海：上海译文出版社，1988：443.

[3] 伍蠡甫.西方文论选（上卷）[M].上海：上海译文出版社，1988：28.

[4] 伍蠡甫.西方文论选（上卷）[M].上海：上海译文出版社，1988：44.

社会作用，他把诗分为"理想的诗"和"现实的诗"，他认为"现实的诗"更符合时代精神的要求，他抨击"纯文艺"论，强调文学要为社会作贡献。

随着科学主义的盛行，人们在享受科技进步带来的生活便利的同时，也感受到了人文教育的缺失给人们精神世界带来的巨大冲击，提倡人文教育是时代教育发展的大势所趋，本书所提倡的"诗教"思想，符合当今时代教育发展的大潮流。

第三节　"诗教"与初中语文教学

《义务教育语文课程标准（2011年版）》指出："义务教育阶段的语文课程，应使学生初步学会运用祖国语言文字进行交流沟通，吸收古今中外优秀文化，提高思想文化修养，促进自身精神成长。"[1]由此可见，课标对义务教育阶段的学生在语言文字运用和精神成长两方面均提出了要求。初中阶段的学生通过小学阶段的学习，能用祖国语言文字进行基本的口语交际、阅读写作，但精神养成方面还需教师在教学中加以引导，让学生不断地从优秀的文化作品中吸取营养，提高思想文化修养，从而促进精神成长。而"中华诗歌是中华民族文化的精粹，是中华民族精神的形象载体"[2]，以现当代诗歌为载体

---

[1]中华人民共和国教育部.义务教育语文课程标准（2011年版）[S].北京：北京师范大学出版社，2018：2.

[2]孔汝煌.诗教文化刍论[M].武汉：华中科技大学出版社，2017：3.

教化育人，能有效促进第四学段（7—9年级）语文课程目标的实现。

一、"诗教"与初中语文课程基本理念

《义务教育语文课程标准（2011年版）》中指出，"语文课程丰富的人文内涵对学生精神世界的影响是广泛而深刻的，应重视语文课程对学生思想所起的熏陶感染作用，要继承和发扬优秀文化传统，弘扬爱国主义为核心的民族精神和改革创新为核心的时代精神"[1]，现当代诗歌语言独特的原创性魅力，浓厚的爱国情怀，能有效培育中学生的爱国情怀和创新性思维，提升学生的综合素养。

近年来，"语文素养"是教育界比较热门的话题。王云峰对"语文素养"提出了概括性的说法："语文素养是人运用祖国语言文字的过程中表现出来的运用语言的基本能力及其语言品质。"[2]雷实认为：语文素养是指学生在语文方面表现出的"比较稳定的、最基本的、适应时代发展要求的学识、能力、技艺和情感态度价值观"，融合了语文课程的整体目标与追求。[3]课标对语文素养培养的具体要求是："语文课程应激发和培育学生热爱祖国语言的思想感情，引导学生丰富语言积

［1］中华人民共和国教育部.义务教育语文课程标准（2011年版）［S］.北京：北京师范大学出版社，2018.

［2］王云峰.语文素养及其培养［J］.中学语文教学，2016（11）：9.

［3］雷实.谈谈"语文素养"［J］.课程·教材·教法，2014（12）：31.

累，培养语感，通过优秀文化的熏陶感染，提高思想道德修养和审美情趣，逐步形成良好的个性和健全的人格。"[1]总的来说，语文素养渗透到语文课程教学的全过程，是学生在学习语文课程中应该努力追求的目标，尤其是人文情怀、品德养成、人格锤炼等方面。

从狭义上说，现当代诗歌"诗教"是语文课程教学的一种方式。语文教师通过初中语文教材中的现当代诗歌教学，让学生从中得到情感的熏陶、审美的体验、优良品质的习得等；从广义上说，它是培养学生德、智、体、美、劳全面发展的一种育人方式，是落实"立德树人"根本任务的学科教学体现。作为诗词的王国，我国现当代涌现出很多著名的诗人，也诞生了一批批优秀的现当代诗歌作品，初中语文教材（部编版）中的现当代诗歌选篇均是经典的代表作。学生在阅读这些诗歌时，在潜移默化中受到诗歌精神的滋养，无形中获得美的感受，进而培育出美好心灵的种子。

综上可知，现当代诗歌"诗教"和初中学段的"语文素养"具有内在的一致性，现当代诗歌作为初中语文教材的重要组成部分，进行现当代诗歌"诗教"有利于提高学生的语文素养。现当代诗歌是语言艺术的结晶，更是抒情载道的优秀文学作品，学生鉴赏诗歌语言，可以发现语言文字内在的韵律之美和意境之美，提升自身运用祖国语言文字的能力；学生品读诗

---

[1]中华人民共和国教育部.义务教育语文课程标准（2011年版）[S].北京：北京师范大学出版社，2018：2.

歌的精神内容，可以感受诗歌所蕴含的丰富的人类情愫，有利于产生情感的共鸣，提升自我道德修养。初中生正值青春期的早期，对各种美好的情感充满好奇和憧憬，但又表现出懵懂和矛盾的心理特征，这就需要正确情感价值观的引领，厚植现当代诗歌立德树人的育人土壤，让学生能够在诗歌的滋养中养成良好的个性和健全的人格，是语文教育的题中之义。

二、"诗教"与初中语文课程目标

《义务教育语文课程标准（2022年版）》语文课程目标与内容主要分为：识字与写字、阅读与鉴赏、表达与交流、梳理与探究四个板块。每个板块有具体的课程目标与内容，现当代诗歌属于阅读与鉴赏板块，其中"欣赏文学作品，有自己的情感体验，初步领悟作品内涵，从中获得对自然、社会、人生的有益启示"[1]等内容，都是对现当代诗歌教学的基本要求，也是实施"诗教"的教学方式。"诗教"以润物无声的独特教育方式，让处于叛逆期的初中生更易于从中获得精神成长和情感陶冶所需的养分。部编版初中语文九年级课文诗歌《乡愁》中，以"邮票、船票、坟墓、海峡"四个具体形象，表达人生四个不同阶段的抽象情感，该诗句式整齐，形成回环往复的节奏，随着岁月的推移层层推进，朗诵时的情感由平静逐渐过渡到强烈，最后喷涌出作者渴望亲人团聚，期盼祖国早日统一的

---

［1］中华人民共和国教育部.义务教育语文课程标准（2022年版）［S］.北京：北京师范大学出版社，2022：14-17.

情感。学生朗诵这首诗歌，朗朗上口，自觉树立亲情可贵的家庭意识，逐渐上升到国家层面，于无形中激发起心中的家国情怀。

第四节 "诗教"与高中语文教学

"诗教"以提升学生的人文素养为目的，与语文教育改革的核心理念一脉相承，本节旨在探讨"诗教"与高中语文教学的内在联系，以论证"诗教"研究的价值和必要性。

一、"诗教"与高中语文课程标准

《普通高中语文课程标准（2017年版2020年修订）》中指出："语文课程应引导学生在真实的语言运用情境中，通过自主的语言实践活动，积累言语经验，把握祖国语言文字的特点和运用规律""同时，发展思辨能力，提升思维品质，培育社会主义核心价值观，培养高尚的审美情趣，积累丰厚的文化底蕴，理解文化多样性。"[1]一方面，语文学科要充分发挥自身优势，弘扬民族精神，传播优秀文化，使学生形成健康向上的人生态度；另一方面，语文具有重要的审美教育功能，诗歌鉴赏和创作是重要的审美活动，高中语文课程应该关注学生的情感世界，让学生得到美的熏陶，培养学生的审美情趣和审美创造力。

---

[1] 中华人民共和国教育部.普通高中语文课程标准（2017年版2020年修订）[S].北京：人民教育出版社，2020：1.

从课程标准对诗歌教学的要求来看，《普通高中语文课程标准（2017年版2020年修订）》中提出，现当代诗歌更加贴近时代，诗歌内容既蕴藏着爱祖国、爱人民的优秀文化传统，又饱含着追求自由民主、民族解放独立、艰苦奋斗、自强不息的革命精神，这些与高中语文课程标准的指向具有同一性，"诗教"有助于高中语文课程目标的达成。

本书的"诗教观"与课程标准的基本理念相得益彰，"诗教"注重学生创新审美能力的培养，陶冶学生的情感世界，追求学生的全面均衡发展，提高学生人文素养，把学生培养成"有理想、有追求、有道德、有文化"的社会主义新人。

二、"诗教"与高中语文核心素养

随着语文课程改革的深入，"语文核心素养"这一概念逐渐进入到广大教育者的视野。为何要提出语文核心素养这一概念？什么是语文核心素养？这些问题值得语文教育工作者深入思考。

（一）提出的背景

当前，在实现中华民族伟大复兴的历史进程中，我国逐渐从教育大国向教育强国迈进。语文教育作为母语教育，应跟紧时代步伐，弘扬民族优秀传统文化，树立文化自信。坚持立德树人，提高学生的审美素养和人文素养，培养学生的社会责任感和创新实践能力，以更好地适应时代发展的需求。

语文作为母语学科，不仅传递语言文字，还应承载人文精神。近些年来，人文教育边缘化带来的教育危机日益显现，学生的内心与和谐、审美与情感、创新与实践，受到了前所未有的关注。

（二）语文核心素养的内涵

2014年，《关于全面深化课程改革 落实立德树人根本任务的意见》中首次提出"核心素养"的概念，指"21世纪的学生应该具备适应终身发展和社会需要的必备品格和关键能力，突出强调个人修养、社会关爱、家国情怀，更加注重自身发展、合作参与、实践创新"[1]。对于语文学科来说，高中阶段的语文核心素养包含以下四个方面内容。

语言建构与运用，是指通过一定的语言积累形成语感，进而达到运用的目的；思维发展与提升，是指通过语文学习，实现思维提升；审美鉴赏与创造，是指通过语文的熏陶，获得审美的体验和创造能力的提升；文化传承与理解，是指借助语文的传递功能，传承和理解优秀文化。具体见表1–1。

表1–1 语文学科核心素养基本内容简述表

素 养	内 涵		
语言建构与运用	积累与语感	整合与梳理	交流与语境
思维发展与提升	直觉与灵感	联想与想象 实证与推理	批判与发现
审美鉴赏与创造	体验与感悟	欣赏与评价	表现与创新
文化传承与理解	意识与态度	选择与继承 包容与借鉴	关注与参与

---

[1] 顾之川. 论语文学科核心素养［J］. 中学语文教学，2016（3）：15–17.

（三）"诗教"与语文核心素养

"诗教"所秉承的"立德、育美、启智、创新、爱国"[1]的教育理念与高中语文学科核心素养的内涵一脉相承。语文学科素养是学生在积极的语言实践活动中积累与构建起来，并在真实的语言运用情境中表现出来的语言能力及品质。[2]而"诗教"在当今教育理念的背景下，能够在语文教育中发挥积极的作用。

1. "诗教"与美育

无论在中国还是西方，美育都受到人们的重视。什么是美育？不同的学派有不同的看法。我国当代美学家叶朗对美育的定义较为完整："美育属于人文教育，它的目标是发展完满的人性。"[3]人不仅要获得物质上的满足，也要获得精神上的富足，只有这样，人才算是一个完满的人。审美教育能给人以精神上的富足，美育的目的在于让学生体验到人生的快乐与美好，体会到人生的意义与价值。

美育不仅是人内在本质需求，也是现代教育发展的需要。早在1912年，蔡元培就把美育列入国家教育方针。创新人才的培养需要美育，审美活动能够激发人的创造欲望，培养和发展人的审美直觉力。爱因斯坦说："想象力比知识更重要，因为

---

[1] 邵庆祥．人文素养与中华诗教［M］．杭州：浙江大学出版社，2011：9.

[2] 中华人民共和国教育部．普通高中语文课程标准（2017年版2020年修订）［S］．北京：人民教育出版社，2020.

[3] 叶朗．美学原理［M］．北京：北京大学出版社，2009：402.

知识是有限的，而想象力概括着世界上的一切，推动着进步，并且是知识进化的源泉。"[1]现代经济的发展需要美育，不少学者认为，21世纪的两大产业是信息产业和文化产业，现代商品的竞争力往往体现在其文化价值层面，一些受欢迎的商品往往设计精美、富有创意。我国想要提高国际竞争力，就必须大力营造创新型环境，大力培养创新型人才。

"诗教"无疑是美育的良好途径。现代美学家宗白华将诗定义为："用一种美的文字……音律的绘画的文字……表写人的情绪中的意境。"[2]读《沁园春·长沙》，我们可以感受到诗人的雄心壮志和革命豪情。品《再别康桥》，我们可以感受到诗歌的节奏美和音乐美。吟《大堰河——我的保姆》，可以读出诗人质朴的语言中表现出对大堰河无限的热爱。诗歌是美的艺术，诗歌不仅有美的语言，还有美的意境、美的哲思。高中生学习诗歌，不仅可以满足自身的审美需求，而且可以提升自我的审美意识，丰富自我的精神世界。

2. "诗教"与创新

党的十九大报告中指出，要"加快建设创新型国家，创新是引领发展的第一动力，是建设现代化经济体系的战略支撑"。创新对于一个民族的发展起着巨大的推动作用。创新能力的核心是想象力。想象思维的培养与人文艺术活动密切相关，爱因斯坦说："知识是有限的，而艺术开拓的想象力是无

---

[1]刘仲林.科学臻美方法［M］.北京：科学出版社，2002：31.
[2]宗白桦.美学与意境［M］.北京：人民出版社，1987：49.

限的。"诗歌本身就是一种充满想象的艺术，无论是诗歌鉴赏还是诗歌创作，都必须发挥丰富的想象力。

学生在学习诗歌过程中，从物象到意境，从语言到情感，其想象力得到了充分展开，心灵空间得到了无限释放，想象、联想的思维能力得到了极大的锻炼，创造的灵感也获得了极大的启迪。"我是一条天狗呀/我把月来吞/我把日来吞/我把一切的星球来吞/我把全宇宙来吞/我便是我了！"[1]郭沫若在《天狗》中运用奇特夸张的想象手法，借用"天狗吞日"的民间传说，把自己比作一只天狗，诗歌中充满丰富多彩的想象，包含宇宙万物，塑造了一个狂傲不羁、敢于表现自我的天狗形象。冯至在他的诗歌《蛇》当中描述到"我的寂寞是一条蛇/静静地没有言语/你万一梦到它时/千万啊/不要悚惧！"[2]诗歌构思奇特，把诗人的寂寞比作一条蛇，心里藏着热烈的相思，想念梦中女子头上乌黑的发，想象着它像一道月影，从她的身旁轻轻经过，以此表达对爱情的渴望。刘半农在《一个小农家的暮》中写道："孩子们在场上看着月/还数着天上的星/一、二、三、四/五、八、六、两/他们数，他们唱/地上人多心不平/天上星多月不亮。"[3]诗人为我们展现了一幅孩童赏月图，展现了农家

［1］课程教材研究所.普通高中语文课程实验教科书语文选修中国现当代诗歌散文欣赏［M］.北京：人民教育出版社，2006（1）：1.

［2］课程教材研究所.普通高中语文课程实验教科书语文选修中国现当代诗歌散文欣赏［M］.北京：人民教育出版社，2006（1）：22.

［3］课程教材研究所.普通高中语文课程实验教科书语文选修中国现当代诗歌散文欣赏［M］.北京：人民教育出版社，2006（1）：13.

生活的静谧和安逸，表达了诗人对农家生活的憧憬和向往。这些优秀的现当代诗歌，充满着丰富的想象，鉴赏学习这样的诗歌，能够培养学生丰富的想象力和创造性思维。

学生欣赏诗歌，进入无比开阔优美的意境之中，就会心旷神怡，在不知不觉中培养自我想象力，提高自我创造力。同时，学生适当地进行诗词创作也是一种丰富的创造性活动，诗歌的构思、意境的营造、语言的运用都需要发挥奇特的想象力，这对于培养学生的创造力和发散性思维都十分有利。

3. "诗教"与德育

我国十分重视公民的道德修养，古代圣贤把修身做人作为自己的终身追求。当代社会，中国普遍的道德价值追求包括爱国、正直、善良、诚实、公正、廉洁等优秀的道德品质。道德不仅仅是个人修养的问题，而且起到调节社会关系的作用。我国社会主义核心价值观的基本内容，就包含着公民道德品质方面的要求："爱国、敬业、诚信、友善"。当代社会，培养学生的道德，就是要培养学生对祖国的热爱之情、对人民的关爱之心、对亲人的孝悌之义，使学生做一个对自己负责的人，对他人、对社会有用的人。

爱国是一个公民道德的基本体现，中华民族拥有五千多年的历史而屹立不倒，一个重要的因素就是中华民族有着伟大的爱国主义情怀。从古至今，一大批爱国之士，鞠躬尽瘁，为中华民族的繁荣昌盛奉献了自己的青春和生命，也留下了大量爱国主义诗歌。在今天这样一个文化多元化的时代，民族虚无主义的泛滥应该引起我们的注意，继承我国爱国主义优良传统，树立强烈的民族归属感，"诗教"可以发挥其独特的作用。学生阅读这些情感真挚的爱国之作，更能激发他们的爱国热情，提升他们的道德修养。

综上所述，"诗教"在培养学生的审美品质、创新能力、道德修养以及爱国情怀等方面发挥着积极重要的作用，"诗教"内涵与《普通高中语文课程标准（2017年版2020年修订）》的基本理念不谋而合，均旨在提升学生人文素养，最终目的是促进学生的全面发展。

第二章　初中语文现当代诗歌"诗教"现状分析

本章以贵州省某初级中学为"诗教"研究对象，对其使用教材、教学情况以及学生学情三方面进行调研，分析现当代诗歌"诗教"现状。

第一节　教材现当代诗歌选篇分析

自2017年9月起，全国小学、初中统一使用教育部审定义务教育教科书语文教材，简称"部编版"语文教材，现对部编版初中语文教材现当代诗歌选篇进行分析。

一、教材现当代诗歌选篇分析

（一）初中语文中国现当代诗歌选篇情况

表2-1　部编版初中语文中国现当代诗歌选篇表

年　级	课文名称	作者	写作年代	主　题
七年级上册	荷叶·母亲	冰心	1922 年	歌颂母爱
七年级下册	黄河颂	光未然	1939 年	歌颂黄河

续表

年 级	课文名称	作者	写作年代	主 题
八年级上册	\	\	\	\
八年级下册	回延安	贺敬之	1956 年	歌颂延安精神
九年级上册	沁园春·雪	毛泽东	1936 年	伟大抱负
	我爱这土地	艾青	1938 年	忧国忧民
	乡愁	余光中	1972 年	家国情怀
	你是人间的四月天	林徽因	1934 年	对美好的向往
	我看	穆旦	1938 年	追问生命
九年级下册	祖国啊，我亲爱的祖国	舒婷	1979 年	爱国之情
	梅岭三章	陈毅	1936 年	献身革命、必胜信念
	月夜	沈尹默	1917 年	个性解放
	萧红墓畔口占	戴望舒	1944 年	怀念朋友、感慨现实
	断章	卞之琳	1935 年	人生哲理
	风雨吟	芦荻	1941 年	国家前途、民族命运

　　由上表统计可见，部编版初中语文教材选入中国现当代诗歌14首，从选篇时间分布上看，五四运动前夕1首，20世纪20年代1首，抗日战争时期9首，20年世纪50年代1首，20世纪70年代2首，可见选篇主要集中在抗日战争时期。从选篇的布局上看，主要集中在九年级。八年级上册现当代诗歌缺失，七年级上、下册，八年级下册分别选入一首。从选篇主题上看，9首体现了爱国情怀，如《黄河颂》《祖国啊，我亲爱的祖国》等。4首体现对美好生活的追求与对人生的思索，如《断章》《我

看》等。

（二）初中语文外国诗歌选篇情况

表2-2　部编版初中语文外国现当代诗歌选篇表

年　　级	课文名称	作者	国别	主　　题
七年级上册	金色花	泰戈尔	印度	孩子对母亲的爱
七年级下册	假如生活欺骗了你	普希金	俄国	积极乐观的人生态度
	未选择的路	弗罗斯特	美国	人生十字路口的抉择
九年级下册	统一	聂鲁达	智利	对世界和平的追求
	海燕	高尔基	苏联	勇敢迎接人生的挑战

由上表统计可知，部编版初中语文教材总共选篇外国诗歌5首，从选篇分布上看，诗歌在八年级仍然是缺失的，集中分布在七年级与九年级下册。从国别上看，5首分别选自5个不同的国度。从选篇主题上看，更多的是对人生、世界的思考，例如，《假如生活欺骗了你》中表现的积极乐观的人生态度，《未选择的路》中表现的人生选择，1篇以亲情为主题，如《金色花》体现孩子对母亲的爱。

（三）教材现当代诗歌选篇评价

综合教材中现当代诗歌选篇分析，从选篇编排分布上看，八年级上册现当代诗歌的缺失，中断了学生对现当代诗歌的学习和理解。中国现当代诗歌选篇时间跨度小，集中于抗日战争时期，当代诗歌作品缺乏，不利于学生整体感知现当代诗歌的发展情况。从学生情感培养上看，充分展现了中华民族优秀文化和革命传统，有利于培养学生的家国情怀，引导学生养成积极向上的人生态度。现当代诗歌选篇主旨符合课标要求，对初中生价值观的形成及情感的熏陶起着重要的作用。但选篇主题欠缺丰富性，缺乏当代特色，如科学技术、工匠精神等。从经典性上看，教材选择的诗人都是较为著名的诗人，选取的作品极具代表性。学生在接触这些经典的现当代诗歌时，从内容和形式上，都能感受到诗歌之美，也丰富了对诗歌的情感体验。但选篇也出现了一定同质化的取向，容易造成教师的审美疲劳，降低教师的教学兴趣，导致学生的厌学情绪。从地域跨度上看，外国诗歌国别不一致，不同的国家有不同的文化背景，5首诗分别来自5个国，能激发学生对不同国家诗歌探讨的兴趣，也丰富了学生对语言表达的认识。

二、教材现当代诗歌主题情况分析

七年级上册散文诗两首，以叙事和抒情结合的形式，展现了"爱"的表达。单元写作为"学会记事"，写作实践第三题"以《我们是一家人》为题，展现家庭的温暖，亲情的可贵"[1]，这加深了学生对两首散文诗中作者的情感的理解，从而促进了自身的情感表达，陶冶了情操。

《黄河颂》出现在七年级下册第二单元，写作主题为"学会抒情"。《黄河颂》作为一组颂诗，气势磅礴，抒发了爱国之情，抒情意味浓烈。学生在体会强烈的抒情后，掌握抒情的

---

[1] 教育部. 义务教育教科书语文七年级上册 [M]. 北京：人民教育出版社，2018：33.

表达方式，从而更好地实现"诗教"的效果。

九年级上册，将现当代诗歌放在了第一单元，整个单元以"活动·探究"的形式，围绕现当代诗歌学习从"自主欣赏""自由朗诵"到"尝试创作"展开，不仅提供了自由朗诵的活动方式，还在名著导读部分安排了《艾青诗选》，帮助学生学会如何读诗。[1]从形式到内容为现当代诗歌的教学提供了最为完整的排版安排，为教师进行系统教学提供了条件，也让学生有较长时间完全融入诗歌学习，从而更好地发挥"诗教"作用。

九年级下册同样将现当代诗歌作为一个整体编排在第一单元，写作主题为"学会扩写"，要求从读过的诗歌中选几首进行扩写。一方面加强了学生对学过的诗歌的印象，另一方面锻炼了学生诗歌创作的能力。

第二节 学生及学习现状分析

对于学生的学习情况，本次问卷调查采取抽样调查法。该校总共3100人左右，研究者随机抽取初一、初二、初三年级的部分同学进行调查。初一年级抽取10个班级，每个班级随机抽取10名同学，初二、初三依次采用同样的方法，总共发放调查问卷300份，收回有效样本280份。问卷主要围绕学生的学习兴

[1]教育部.义务教育教科书语文九年级上册[M].北京:人民教育出版社,2018:2-14.

趣及目的、学习内容与方法、学习结果与兴趣方向、教学建议展开。

一、学习兴趣及目的

表2-3　学习兴趣及目的调查统计表

1. 你是否喜欢教材中的现当代诗歌？			
选项	A. 非常喜欢	B. 大多数喜欢	C. 大多数不喜欢	D. 全都不喜欢
百分比	26.73%	51.33%	16.04%	5.9%

2. 你是否常常会主动学习课外现当代诗歌？			
选项	A. 经常学习	B. 偶尔主动学习	C. 视情况而定	D. 几乎不学习
百分比	18.49%	39.72%	30.13%	11.66%

3. 你是否经常参加与现当代诗歌有关的活动？			
选项	A. 经常参加	B. 偶尔参加	C. 视情况而定	D. 几乎不参加
百分比	6.22%	22.6%	21.47%	49.71%

4. 你学习现当代诗歌的目的是？			
选项	A. 提高审美能力	B. 考试需要	C. 陶冶情操	D. 个人兴趣发展
百分比	14.6%	27%	32.58%	25.82%

由上表学习兴趣及目的调查分析可知：

一是非常喜欢教材中的现当代诗歌的学生占26.73%，大多数喜欢的学生占51.33%，大多数不喜欢的学生占16.04%，全都不喜欢的占5.9%。该校初中生对于教材所选篇的现当代诗歌喜欢的比例大于不喜欢的比例。但是大多数不喜欢和全都不喜欢的比例不容忽视。在收回调查问卷时，笔者随机和几个同学进行了交流，得知存在该现象的主要原因在于教材选篇诗歌不能与学生产生共鸣，即诗歌创作背景与学生所处的环境有所差异。

二是经常会主动学习课外现当代诗歌的学生占18.49%，偶尔主动学习的学生占39.72%，视情况而定的学生占30.13%，几乎不主动学习的学生占11.66%。该校学生经常主动学习课外现当代诗歌的比例较小，偶尔主动学习和视情况而定的比例较大。因初中课程较多，学习任务重，学生未能真正领悟到现当代诗歌学习的乐趣。

三是经常参加与现当代诗歌有关的活动的学生占6.22%，偶尔参加的学生占22.6%，视情况而定的学生占21.47%，几乎不参加的学生占49.71%。该校学生几乎不参加现当代诗歌有关活动的学生比例最高。其中主要原因是参加活动的平台较少，偶尔有，但机会有限，总是留给固定的几个学生，其余学生很难有机会参与到活动中去。

四是学生认为学习现当代诗歌的目的是提高审美能力的占14.6%，考试需要得高分的占27%，陶冶情操的占32.58%，为了个人兴趣发展的占25.82%。审美、应试、陶冶情操、个人兴趣四项较为平均。不同的是教师和学生在这一块的认知具有较大差异。在教师的教学认知中，提高审美能力是主要的意义之一，而学生在这一点所占比例较小，这说明教师和学生对现当代诗歌的认知存在偏差。

综合上述分析，学生在学习兴趣及目的方面主要存在两个问题：一是学生未能真正领悟现当代诗歌学习的乐趣，从而缺乏学习现当代诗歌的兴趣；二是教师和学生对现当代诗歌的认知存在偏差，未能形成学习诗歌的合力。

二、学习内容与方法

表2-4　学习内容与方法调查统计表

5. 你学习现当代诗歌的途径主要是？			
选项	A.课堂学习	B.利用网络资源学习	C.通过课外活动学习	D.和同学教师交流学习
百分比	78.07%	61.5%	53.48%	37.43%

6. 你认为学习现当代诗歌应把握哪几点？			
选项	A.了解作者及创作背景	B.诗歌语言	C.诗歌情感	D.诗歌艺术手法
百分比	76.47%	52.94%	68.45%	56.15%

由上表学习内容与方法统计的数据可知：

一是学生学习现当代诗歌的途径主要通过课堂学习的占78.07%，利用网络资源学习的占61.5%，通过课外活动学习的占53.48%，和同学教师交流学习的占37.43%。"课堂学习"是学生学习现当代诗歌的主要手段，这说明学生在学习现当代诗歌时，主要以听老师讲授为主，沟通较少，自主学习较少。该校下课时间为10分钟，下午5点放学，中间没有时间为学生提供和老师交流的机会。同时，通过与学生交流得知，学生不是很愿意与教师交流现当代诗歌，反而和同学之间的交流相对较多，主要针对当前较为流行的作品，尤其是爱情、人生感慨等主题最受欢迎，如席慕蓉的《一棵开花的树》，顾城的《远和近》等。

二是学生认为学习现当代诗歌应了解作者及创作背景的占76.47%，学习诗歌语言的占52.94%，学习诗歌情感的占68.45%，学习诗歌艺术手法的占56.15%。诗歌语言、诗歌情感、诗歌艺术手法所占比例几乎均衡，了解作者及创作背景所占比例最大，学生认为学习内容的把握主要从了解作者及创作背景入手。

综合表中学习内容与方法统计分析，学生学习现当代诗歌的渠道多，但真正落实的还是以课堂学习为主。学生对诗歌学习内容把握欠佳，了解作者及创作背景主要是帮助学生走进诗歌中心，领悟诗歌情感的路径，而不是需要掌握的主要内容。

三、学习结果与兴趣方向

表2-5 教学结果与兴趣方向统计调查表

7. 你学习现当代诗歌的难点是？			
选项	A. 诗歌难度大，不易理解	B. 缺乏学习氛围	C. 考点少	D. 对选篇不感兴趣
百分比	45.45%	61.5%	31.02%	29.41%
8. 你会经常诵读现当代诗歌吗？			
选项	A. 经常诵读	B. 偶尔诵读	C. 看情况	D. 几乎不诵读
百分比	12.5%	54.9%	24.46%	8.14%
9. 你会经常进行现当代诗歌创作吗？			
选项	A. 经常创作	B. 偶尔创作	C. 看情况	D. 几乎不创作
百分比	3.1%	34.9%	21.9%	40.1%

续表

10. 你能够背诵多少首现当代诗歌？			
选项	A.1～3首	B.4～5首	C.6～10首	D.11首以上
百分比	32.95%	31.25%	18.75%	17.05%
11. 请列举3～5位你喜欢的现当代诗人。			
12. 请列举3～5首你最喜欢的现当代诗歌。			

由上表教学结果统计，做如下分析：

一是学生认为学习现当代诗歌的难点是诗歌本身难度大，不易理解的占45.45%，缺乏现当代诗歌学习的氛围的占61.5%，考点涉及少的占31.02%，对教材选篇不感兴趣的占29.41%。学生认为现当代诗歌学习的难点主要在于缺乏现当代诗歌学习的氛围，其次是诗歌本身难度大，不易理解，这说明学校或者课堂的整体环境不能与现当代诗歌的学习相互匹配。

二是学生经常会诵读现当代诗歌的占12.5%，偶尔诵读的占54.9%，看情况的占24.46%，几乎不诵读的占8.14%，偶尔诵读的学生占大多数；学生经常创作现当代诗歌的占3.1%，偶尔创作的占34.9%，看情况的占21.9%，几乎不创作的占40.1%，几乎不创作的学生占多数；能够背诵1～3首现当代诗歌的学生占32.95%，4～5首的学生占31.25%，6～10首18.75%，11首以上的学生占17.05%。能背诵5首以内诗歌的学生占多数。学生偶尔诵读和几乎不创作的比例较高，诵读主要发生在课堂教学过程中，而创作主要集中在诗歌单元后的写作练习，除此之外，学生很少自觉诵读和创作。甚至学生有意识地诵读，还会遭到同学的嘲笑。数据显示,学生能背诵的诗歌主要集中在3到5首以内,相当于从小学至初中,课文中所涉及的现当代诗歌大部分不能背诵。并且,在调查学生喜欢的诗人和诗歌时,许多学生填写了古代诗歌和古代诗人。这说明许多学生对古代诗歌和现当代诗歌的界限模糊。总而言之,现当代诗歌的学习结果不尽人意。

另外,学生喜欢的现当代诗人主要有舒婷、艾青、毛泽东、冰心、林徽因等。学生最喜欢的现当代诗歌主要有《祖国啊,我亲爱的祖国》《我爱这土地》《断章》《你是人间的四月天——一句爱的赞颂》等。笔者在与学生交流时,有意识地提到这个问题,部分学生回答说除书本所学之外,他们也不知道其他的诗人或诗歌。由此表明,许多学生并没有课外学习现当代诗歌的经历。

综合上表教学结果统计分析结果表明:当下,提倡“诗教”进校园,从表面来看卓有成效,但都未能真正将“诗教”落实到教学实践。

四、学生反馈的教学建议

表2-6 学生教学建议调查表

13. 你认为什么样的教学方式能够帮助你学习现当代诗歌?请列举几条。

学生认为能帮助他们学习现当代诗歌的主要教学方式有:

①融会贯通地讲解诗人的故事，提起他们的学习兴趣。②融入诗歌意境，体会诗歌之美。③经常普及有关现当代诗歌的信息。④根据学生兴趣，有针对性地为学生提供现当代诗歌读本，以便阅读。⑤经常开展现代诗歌朗诵活动。⑥为当堂所学诗歌配备合适的背景音乐、插图、视频等。⑦将诗歌编成歌曲，或根据诗歌背景排成话剧。⑧鼓励仿写、创作。⑨开展现当代诗歌讨论会，设现当代诗歌读书角。

从学生对教学的建议看，学生希望学校能够营造学习现当代诗歌的氛围，为他们提供表现的机会和平台，教师需融入多种教学方式，尤其是熟练掌握现代教学技术，充分了解现当代诗歌的背景。

我们从学生学习现当代诗歌四个方面的现状可知：该校初中生学习现当代诗歌的方法存在一定的问题。其中一部分原因是学生个人所处的心理阶段的影响。初中生年龄主要集中在11～15岁，正处于少年期，也是青春期，是由童年向青年过渡的重要阶段。这一阶段的学生，心理发展具有反抗性与依赖性、闭锁性与开放性、勇敢与怯懦、高傲与自卑、否定童年又眷恋童年的多重矛盾性。[1]这些矛盾的变化悄悄地影响着学生的学习，如果教师善于抓住学生的心理变化，促进学生成长，则会使学生变得更加优秀。如果学生未能在这些矛盾中成长，便会影响学生的学习结果。另一些原因主要是教师的教

[1]张清，刘蕾.青少年发展与教育心理学［M］.北京：北京大学出版社，2017：76-78.

学方式、现当代诗歌学习氛围、教材选篇等影响了学生的学习效果。教师面对这一阶段的学生，最重要的任务就是引导学生在自我矛盾中走向更好的发展，充分发挥现当代诗歌"诗教""润物细无声"的教学价值，对学生进行潜移默化的影响，从而让学生更好地接受诗歌教化，走向诗意人生。

综合部编版初中语文现当代诗歌选篇情况、学生及学习现状，我们可清楚地看到初中现当代诗歌"诗教"在这两个方面都存在一定的问题，教材选篇少、主题单一等情况需要教师适当拓展延伸，拓宽学生学习现当代诗歌的路径；教师对现当代诗歌的教学兴趣、鉴赏能力影响课堂"诗教"的效果，教师应提升个人的鉴赏能力，课前备足教学内容；学生对现当代诗歌的了解较少，学习的渠道主要依赖课堂，学生自己可根据个人兴趣，尝试在课外拓展现当代诗歌的学习。

第三节　教师教学现状分析

为了解初中语文现当代诗歌教学现状，笔者制订研究问卷在×学校进行数据调查，×校语文教师总共37人，向初一年级语文教师发放10份调查问卷，初二年级发放5份调查问卷，初三年级发放10份调查问卷，总共25份调查问卷，收回25份调查问卷。问卷主要从教师对现当代诗歌的教学兴趣、教学意义、教学内容、教学方法、安排的教学活动，以及教学评价与建议展开。

一、教学的兴趣及意义认知

为了清晰掌握教师对现当代诗歌教学的兴趣以及对教材中"诗教"意义的认知和理解，设置问卷进行调查。

表2-7　教学兴趣及意义调查统计表

1.您喜欢现当代诗歌吗？			
选项	A.非常喜欢	B.比较喜欢	C.一般喜欢	D.不太喜欢
百分比	22.22%	38.89%	27.78%	11.11%

2.您喜欢教学现当代诗歌吗？			
选项	A.非常喜欢	B.比较喜欢	C.一般喜欢	D.不太喜欢
百分比	16.67%	38.89%	27.78%	16.66%

3.您认为现当代诗歌的教学意义是？（可多选）			
选项	A.提升学生审美	B.陶冶情操	C.应试	D.弘扬中华优秀文化
百分比	83.33%	72.22%	27.78%	61.11%

我们由上表教学兴趣及意义调查统计表分析，可以得出以下结论：

非常喜欢现当代诗歌的教师占22.22%，比较喜欢的占38.89%，一般喜欢的占27.78%，不太喜欢的占11.11%。非常喜欢教学现当代诗歌的教师占16.67%，比较喜欢的占38.89%，一般喜欢的占27.78%，不太喜欢的占16.66%。

这两组数据显示教师本身非常喜欢、比较喜欢现当代诗歌的比例与一般喜欢、不太喜欢基本各占一半，与之对应的教学兴趣也是各占一半。不太喜欢现当代诗歌或不太喜欢教学现当代诗歌比例较大。笔者在调研时，与语文教师进行了深入交流，他们认为：古代诗歌的意象往往是固定的，大量前人对其进行了研究，有丰富的资源可以查阅。现当代诗歌的意象往往难于把握，需要结合多种因素，并且教师在理解诗歌时，也存在一定的困难，这加大了教师教学的难度。例如，余光中的《乡愁》，我们可以直观地感受到这首诗歌表达了一种思乡情怀，但理解"邮票""船票""坟墓""海峡"的具体象征意象时，却无法准确把握。现当代诗歌中的意象不同于古代诗歌中的传统意象，是一种新的意象，在当今较为薄弱的现当代诗歌学习背景下，难以用准确的语言表达其象征意义，只能引导学生抽象地理解。另外，现当代诗歌的句式结构常常不符合现代汉语的使用规则，这对教师的教学造成了许多障碍。如果教师将句式调整为符合现代汉语规则的语序，则会破坏诗歌意境。如果就以诗歌原本的句式进行教学，又会出现理解困难的尴尬现象。这些是造成教师不太喜欢教学现当代诗歌的主要原因。同时，部分教师自身也不太喜欢现当代诗歌，除了几首比较著名的诗歌之外，其他诗歌未能进入学习视野，对现当代诗歌缺乏全面的认识。

综合数据和教师的交流可以得出结论：古代诗歌经历了几千年的发展，形成了较为成熟的教学模式，并且有完整的教辅资料查阅。相比较而言，现当代诗歌的发展时间短，教学体系尚未完备，教师受自身鉴赏诗歌的能力的限制难以找到合适的方式教授现当代诗歌，降低了教学兴趣。

认为现当代诗歌的教学意义是提升学生审美的占83.33%，陶冶情操的占72.22%，应试的占27.78%，弘扬中华优秀文化的占61.11%。大部分教师认为现当代诗歌的教学意义主要在于提升学生审美，其次是陶冶情操，弘扬中华优秀文化，少部分教师认为其教学意义是应试。说明有部分教师对现当代诗歌的教学意义尚未明晰。

二、教学内容与方法调查

表2-8　教学内容与方法调查统计表

4.您认为教材中现当代诗歌的编排合理吗？			
选项	A.非常合理	B.比较合理	C.一般合理	D.不太合理
百分比	0%	88.89%	11.11%	0%

5.您认为现当代诗歌学习的主要内容是？（可多选）			
选型	A.诗歌情感	B.诗歌语言	C.诗歌艺术手法	D.背诵应试名句
百分比	94.44%	72.22%	77.78%	38.89%

6.您会用古代诗歌的教学方法教学现当代诗歌吗？			
选型	A.经常会	B.比较会	C.偶尔会	D.几乎不会
百分比	16.67%	33.33%	44.44%	5.56%

7.您会采用现代教学技术多方位教学现当代诗歌吗？			
选项	A.经常会	B.比较会	C.偶尔会	D.几乎不会
百分比	33.33%	44.44%	22.23%	0%

8.您最常采用的教学方式是？			
选型	A.教师讲解为主	B.教师讲解与学生探讨相互配合	C.学生自学为主，适当点拨	D.视情况而定
百分比	11.11%	66.67%	5.56%	16.66%

续表

9. 您在设计现当代诗歌教案时，主要参考？			
选项	A. 教学参考书	B. 个人经验结合课标要求	C. 教参结合网络资源	D. 三者都有
百分比	16.67%	22.22%	50%	11.11%

由上表教学内容与方法调查的数据可知：

一是教师认为教材中现当代诗歌的编排非常合理的占0%，比较合理的占88.89%，一般合理的占11.11%，不太合理的占0%。教材编排的合理性大于不合理性。这是因为教材聚集了许多学科专家、一线教师的智慧，理论和实践两手抓，教材编写时间久，并且经过了基层特级教师提意见环节，最后才上交教育部形成教材。2019年秋季，全国统一使用部编版初中语文教材，部分教师还未能充分结合教学实际对其进行深入思考，处于初步感知阶段，所以保持着比较中立的态度。

二是教师认为现当代诗歌学习的主要内容是诗歌情感的占94.44%，是诗歌语言的占72.22%，是诗歌艺术手法的占77.78%，是背诵应试名句的占38.89%。大部分教师选择诗歌情感、语言以及艺术手法，少部分选择应试背诵名句。说明大部分老师基本认可现当代诗歌本身的教化价值，少部分教师站在应试的角度思考。

三是教师经常会用古代诗歌的教学方法教学现当代诗歌的占16.67%，比较会的占33.33%，偶尔会的占44.44%，几乎不会的占5.56%。经常会、比较会和偶尔会、几乎不会的比例几乎各占一半。事实上，教师用古诗教学法教学现当代诗歌是常见的教学现象。如在讲解诗歌时，几乎每个老师都会用到"知人论世"的教学方法，许多老师只是简单地将作者简介作为一个文学常识一带而过，而有的老师则会充分挖掘作者的个人背景、创作背景，用详尽的材料证明诗歌是为什么"情"而发，为学生理解诗歌奠定了感情基调。这两种教法都不同程度地运用"知人论世"，但形成了不同的教学结果。

四是教师经常会采用现代教学技术多方位教学现当代诗歌的占33.33%，比较会的占44.44%，偶尔会的占22.23%，几乎不会的占0%。根据笔者观察，该校语文教师通常借助多媒体进行教学，但鲜少有教师会自己亲手制作课件，通常会通过一定的渠道下载课件，再适当修改。一方面是因为教师本身制作课件的技术不成熟，不能很好地展现诗歌魅力；另一方面，制作一个精心的课件，过于耗时。这就导致不同教师的语文课堂，变成了一样的语文课，同质化教学倾向明显。只有一些经验丰富的老教师能根据自己的经验和知识积累，在诗歌教学中讲出新意。

五是教师最常采用的教学方式是教师讲解为主的占11.11%，教师讲解与学生探讨相互配合的占66.67%，学生自学为主，适当点拨的占5.56%，视情况而定的占16.66%。该校教师使用最多的教学方法是"教师讲解与学生探讨相互配合"。教师和学生都是课堂的主角，上课的过程中教师根据学生的学习情况，把握留给双方的时间。现当代诗歌的学习需要学生课前做充分准备，教师也应广泛查阅资料，从多角度引导学生学习，才能到达"诗教"目标。

六是教师在设计现当代诗歌教案时，主要参考教学参考书的占16.67%，个人经验结合课标要求的占22.22%，教参结合网络资源的占50%，三者都有的占11.11%。教师设计教案时，主要以教参结合网络资源的方式为主，其次是参考个人经验结合课标要求。说明教师个人把握现当代诗歌的业务能力，还需进一步加强。

总而言之，教师能够清楚地把握现当代诗歌教学内容，有个人惯用的教学方法，但也存在一定的问题，主要表现为教师个人欠缺一定的研究素养和个人思考。

三、教学活动情况分析

表2-9　教学活动调查统计表

10. 您会组织学生进行现当代诗歌朗诵等活动吗？			
选项	A. 经常会	B. 比较会	C. 偶尔会	D. 几乎不会
百分比	16.67%	22.22%	50%	11.11%
11. 您会鼓励学生创作现当代诗歌吗？			
选项	A. 经常会	B. 比较会	C. 偶尔会	D. 几乎不会
百分比	11.11%	27.78%	55.56%	5.55%

由上表教学活动调查分析可知：

一是教师经常会组织学生进行现当代诗歌朗诵等活动的占16.67%，比较会的占22.22%，偶尔会的占50%，几乎不会的占11.11%。偶尔会组织学生进行现当代诗歌朗诵活动的教师占多数，但由于时间的限制，现当代诗歌主要集中在初一年级，初三学生面临升学的压力，教师教学任务重，学生学习时间紧张，教师组织学生进行现当代诗歌朗诵活动的微乎其微。

二是教师经常会鼓励学生创作现当代诗歌的占11.11%，比较会的占27.78%，偶尔会的占55.56%，几乎不会的占5.55%。教师偶尔会鼓励学生创作现当代诗的占多数，这和教师自身对现当代诗歌的感兴趣程度有关。教师本身不感兴趣，在教学过程中只是为了完成教学任务，而未能激发学生潜在的诗歌创作能力。

综合教学活动分析：现当代诗歌"诗教"最有效的途径首先就是朗诵。其次，通过创作升华个人对诗歌的感受。而这两方面的缺失，必然使学生对现当代诗歌的掌握大打折扣，"诗教"作用发挥不明显。

四、教学评价与建议

表2-10　教学评价与建议调查统计表

12. 您认为现当代诗歌能发挥现当代的"诗教"作用吗？			
选项	A. 非常能	B. 比较能	C. 一般能	D. 几乎不能
百分比	0%	55.56%	33.33%	11.11%
13. 您认为就目前您所知的现当代诗歌教学现状，应从哪些方面着手改进？（可多选）			
选项	A. 学校资源	B. 社会辅助	C. 课程设置	D. 考试比例
百分比	88.89%	66.67%	83.33%	27.78%

由上表教学评价与建议调查的数据可知：

一是教师认为现当代诗歌非常能发挥"诗教"作用的占0%，比较能的占55.56%，一般能的占33.33%，几乎不能的占11.11%。坚定地相信现当代诗歌非常能发挥现当代的"诗教"作用的教师为零，55.56%的教师认为比较能。说明从教师层面，对现当代诗歌的诗教功能缺乏一定的信心。11.11%的教师认为现当代诗歌不能发挥"诗教"作用，说明部分语文教师对现当代诗歌的认识不足。

二是教师认为就目前现当代诗歌教学现状，应从学校资源方面着手改进的占88.89%，从社会辅助方面改进的占66.67%，从课程设置方面改进的占83.33%，从考试比例方面改进的占27.78%。大部分教师都认同从前三个方面来改善现当代诗歌的教学，而认为应从考试比例着手改进的教师较少。这说明，当前学校、社会对现当代诗歌的关注程度低，现当代诗歌发挥"诗教"功能的大环境未能跟上教学步伐。

综合上表教学评价与建议分析，可得出结论：当前，现当代诗歌在初中语文教学中地位缺失，教师、学校、社会、课程设置在不同程度上缺位。可见只有全方位配合，学生才能感受到现当代诗歌的"诗教"价值。

第三章 初中语文现当代诗歌"诗教"实施策略

本章主要基于教材选篇情况，联系上文中教师教学情况及学生学习现状分析，结合"诗教"育人思想对部编版初中语文现当代诗歌"诗教"提出切实可行的策略。主要围绕诗歌"诗教"途径、教师教学、学生学习方式以及学校、社会的辅助等方面展开。

第一节 全面把握现当代诗歌教学的"四味"

现当代诗歌发挥"诗教"作用，主要通过其传递出的情感、表达的意境，以及遣词造句来实现，即吕进先生提到的"情味、意味、韵味、兴味"[1]。这"四味"是实施现当代诗歌"诗教"的重要路径。

---

[1] 吕进. 新诗的创作与鉴赏 [M]. 重庆：重庆出版社，1982：327–336.

一、品读"诗味"全面把握诗歌内容

教材选篇的19首现当代诗歌不同程度地体现了文化意蕴，部分诗歌侧重"情味"，有些诗歌侧重"意味"，有的诗歌多者兼顾。总的来说，一首好的诗歌并不要求诗歌的"四味"面面俱到，而占据其中一个或两个往往就会凸显诗歌特色。我们读诗歌就是要挖掘其中最有价值的诗味，以发挥"诗教"功用。

（一）细腻品读"情味"

诗言情，一篇好的诗歌必然蕴含着丰厚的情感，这是诗歌陶冶情操的关键。现当代诗歌"诗教"的发挥，须品足诗歌中的"情味"。情感的丰富不仅表现在亲情、爱情层面上，还有家国情怀的表达，更有对人类前途命运的思索与关注。

现当代诗歌选篇中体现个人情愫的有《你是人间的四月天》《我看》《月夜》《海燕》等，抒发对朋友怀念之情的有《萧红墓畔口占》，抒发家国情怀的有《金色花》《荷叶·母亲》《黄河颂》《回延安》《沁园春·雪》《我爱这土地》《乡愁》《祖国啊，我亲爱的祖国》《梅岭三章》《风雨吟》等。以上15首诗歌以抒情为主，其中蕴含的情味浓烈，细细品读，必能体味人类世界情感的丰富。

如九年级上册教材第一单元中艾青的《我爱这土地》，该诗写于1938年，彼时中日战争已经全面爆发，艾青带着妻女辗转各地，根据所见所闻写下了大量描写人们经历战争，饱受苦难的诗歌。《我爱这土地》就是在这样的背景下写成的，从中可看出，诗人心中对祖国大地真挚的爱意。诗人开始将自己比作一只"鸟"，这只鸟不似雄鹰搏击长空，不似杜鹃、鹧鸪韵味深远，仅仅是一只普通的鸟，而这只普通的鸟即使喉咙嘶哑，也要竭尽全力歌唱，歌唱"土地"、歌唱"河流"、歌唱"风"、歌唱"黎明"，死后，连羽毛也要腐烂在这土地。诗人用普通的鸟表达了即使平凡也要献身祖国，与祖国融为一体的情感。诗的最后"为什么我的眼里常含泪水？因为我对这土地爱得深沉……"用一问一答的形式，直截了当地表达诗人炽热的爱国之情。

艾青在《复活的土地》一诗中写道："因为，我们的曾经死了的大地/在明朗的天空下/已复活了！"暗示中华民族即将觉醒，迎接光明的到来；在《雪落在中国的土地上》："雪落在中国的土地上/寒冷在封锁着中国呀"描绘了中华民族正在遭受痛苦与磨难的画面；在《北方》中："北方的土地和人民/在渴求着/那滋润生命的流泉啊！"展现了战后人们寻求新生的渴望，暗含着战争对人们的摧残。[1]这些诗歌用"土地"意象承载了诗人对祖国大地深深的爱。

《祖国啊，我亲爱的祖国》是教材九年级下册第一篇课文，该诗是舒婷的代表作。舒婷以"我"的视角看到祖国发展的艰难历程，诗歌第一节抓住"破旧的老水车""熏黑的矿灯""干瘪的稻穗""失修的路基""淤滩上的驳船"5个具有

---

[1] 叶橹.艾青诗歌鉴赏［M］.南宁：广西教育出版社，1986：51，58，67。

时代历史语境的意象，描述祖国饱经沧桑的苦难史。诗歌第二节用"花朵"描述祖国人民在"贫困"和"悲哀"中始终保持希望；诗歌第三节以"理想""胚芽""起跑线""黎明"描述祖国的新生。诗歌第四节以"我"为代表，描述"我"愿为祖国承担"富饶""荣光""自由"的重任，表现出以"我"为代表的青年一代对祖国的热爱与历史责任感。整首诗歌用平凡的事物展现了祖国历经沧桑而后新生的发展历程，表达了诗人愿为祖国繁荣贡献自己力量的情怀。"数百年来""祖祖辈辈""千百年来"的年代感扑面而来，一下把读者拉进历史的漩涡，感受祖国曾遭受的磨难，感受"我"在磨难中顽强拼搏的斗志。"我是你的十亿分之一，是你九百六十万平方的总和"，将自身与祖国融为一体，祖国无论历经多少沧桑，都喂养了"迷惘的我、深思的我、沸腾的我"，因此"我"要为祖国承担起"我"的责任。诗的每小节以"祖国啊！"收尾，仿佛有千言万语在那一声"祖国"后面，但诗人仅仅只用一个感叹号，表现了"我"对祖国无限的情感。这首诗歌的语言、节奏等都在为诗人喷薄的爱国之情服务，让读者久久陷于浓烈的爱国情怀中无法自拔。

九年级下册教材第一单元的《梅岭三章》作于1936年，作者陈毅是中国人民解放军创建人和领导人之一。1936年冬，陈毅在梅山被围，因负伤而留在此地写下《梅岭三章》。"梅岭三章"顾名思义是在梅岭写下的三首诗。第一首，一句"断头今日意如何？"将读者带到悲壮的氛围中；历经艰辛投身革命事业，更是让读者品读出老一辈革命家献身革命的伟大情怀。但诗人仍不服输，即使死后也要召集牺牲的同志，击败反动派，展现了诗人忠于革命事业、永不服输、顽强奋斗、至死不渝的革命精神。第二首写的是，国内正值战乱时期，而"我"即将面对死亡，颇有几分不甘和壮志未酬之感，就盼望活着的同志们努力打胜仗，到时以捷报来祭奠和安慰"我"。第三首，革命者四海为家，血雨腥风有止境，暗含着诗人坚信最终会胜利的坚定信念，如今为人民的解放事业牺牲，反动派终会失败，自由幸福的生活也会到来。体现了诗人对革命事业必胜的坚定信念，以及英勇无畏的牺牲精神。三首诗，是陈毅写下的绝笔诗，在危难关头，诗人关心的仍然是革命事业，心系的依旧是国家大事，其不屈的战斗意志和对革命必胜的坚定信念，激励着每一个具有爱国情怀的人。

"诗人因感情而激动，流出诗的眼泪。在诗歌里，自然情感经过理性的陶冶，转变成伦理情感，诗歌的创作和审美欣赏都是同诗歌的创作者和欣赏者的伦理情感紧密联系在一起的。"[1]许多诗歌评论家、理论家提到，读者的阅读是对文学作品的第二次加工，作者的文学作品需要经过读者阅读过后，才算得上是一部完整的作品。诗歌亦如此，诗歌传达的情感和欣赏者的情感交织到一起，欣赏者从欣赏的诗歌中领悟到诗人的情感，升华成个人情感，诗歌才算真正完成了使命。

---

[1] 聂珍钊.论诗与情感[J].山东社会科学，2014（8）：54.

　　我们在带领学生品读艾青《我爱这土地》时，不仅感受到诗人为祖国敢于牺牲的精神，而且应结合当今的时代背景及现今时代发展，帮助学生找准报效祖国的定位和目标，激发学生的爱国热情。作为一名学生，就应有"为中华之崛起而读书"的觉悟，有报效祖国的豪情；作为一名教师，就应有"春蚕到死丝方尽，蜡炬成灰泪始干"的奉献精神，肩负培育祖国花朵的职业使命。欣赏者在欣赏《祖国啊，我亲爱的祖国》时，不仅能感受祖国的历史变化，而且能将祖国"富饶""荣光""自由"转换成自己肩上的责任。欣赏《梅岭三章》时，不仅能感受诗人不惧死亡的战斗精神和对革命事业的信念，而且能形成坚韧不屈的个人品格。这种随个人经历、时代背景变化而变化的个人情感体验，让诗歌永葆生命力。体会诗歌"情味"，不只是品味诗人情感，更多的是能与诗人的情感产生共鸣，将诗人的情感转移升华为自我的情感，形成个人独特的情感体验，这正是诗歌熏陶人情感的魅力所在，也是诗歌具备"诗教"价值的内在性体现。

　　（二）敏锐捕捉"意味"

　　"情，是深刻的情；意，是感情化了的意，情味的体会为意味的体会作铺垫，浓郁感情中含有理想信仰、人世经验、生活智慧，使得诗歌中有隽永的意味。"[1]简而言之这个"意"暗含着人生哲理。

---

[1]吕进.新诗的创作与鉴赏［M］.重庆：重庆出版社，1982：330-334.

教材现当代诗歌中《金色花》《荷叶·母亲》《假如生活欺骗了你》《未选择的路》《月夜》《萧红墓畔口占》《断章》《风雨吟》《统一》这九篇诗歌，有的意味浓烈，有的意味含蓄。

七年级下册教材第五单元的《假如生活欺骗了你》是普希金在一段被幽禁的日子中所写。诗人用劝说的口吻，将鼓励人们相信生活、相信未来的话语娓娓道来，使读者在轻松和愉悦中读完整首诗歌。"心儿永远向往着未来"和"现在却常是忧郁"，现实与想象之间的差距处处彰显着矛盾，但万事万物总是变化着的，"一切都是瞬息，一切都将会过去"，而当你砥砺前行，到达远方，甚至会怀念那段艰苦岁月时，你会发现是它成就了现在的你。全诗第二小节处处透露出哲学中的"对立统一"和"否定之否定"规律。诗人将哲学智慧暗藏于诗中，意味浓厚。

《断章》是初中语文九年级下册中一首含有哲理的短诗。全诗总共两小节，四句话，"看"和"被看"相互转变，从诗的字面看，"你"和"风景"相互关联，"明月"和"你的窗子"相互关联，"你"和"别人的梦"相互关联，由此推及万事万物相互关联、相互依存。孙国华从"你"和"看风景的人""明月"和"你"前后的转折关系中读出人生悲剧意味，读出人生喜剧意味，从前后的并列关系中读出现实人生。[1]不

---

[1] 孙国华.人生哲理的智慧言说——卞之琳《断章》诗意的语言解读［J］.语文知识，2015（02）：81-82.

同的角度，看出不同的意味。

七年级下册教材第五单元的《未选择的路》是美国诗人弗罗斯特的一首哲理诗，读一遍便自觉"意味"浓厚。诗人以岔路口作象征，代表选择："我"站在岔路口，向一条路望去，直望到消失的尽头，最终选择了一条"荒草萋萋，十分幽寂"的路，"我"也会像常人一样担忧选择的路是否正确，毕竟再难返回，最后用一句"而我选择了人迹更少的一条，从此决定了我一生的道路"展现诗人对人生选择的无限感慨，但并未过多描述选择的这条路走得怎样。人生有很多选择，一旦选择就应坚定地走下去，因为人生不能回头。这首诗借助了"路"这一意象，展现的却不是路怎么样，而是选择路的重要性，借用孟子的话就是"鱼和熊掌不可兼得"，整首诗都蕴含着对人生的思考。

除了这种意味浓烈的诗歌，还有一种寄托诗，从表面上看，它的"意"常常不明显。吕进先生提到：领会意味要避免穿凿，有的诗没有寄托，就不要捕风捉影，寄托诗会在"托物言志"的言和"借景抒情"的"抒"中透露出来。[1]这就意味着并不是每一首诗歌都会有"意味"，需要读者加以判别。

教材现当代诗歌选篇将泰戈尔的《金色花》与《荷叶·母亲》放到一起学习，两首诗都在表达"爱"，泰戈尔表达的是孩子对母亲的爱，冰心则表达母亲对孩子的爱。《金色花》一

---

[1]吕进.新诗的创作与鉴赏［M］.重庆：重庆出版社，1982.332.

诗，看着妈妈工作时，"我"悄悄开放金色花瓣；妈妈做祷告时，"我"会散发花香；妈妈读书时，"我"会变成小小的影子；妈妈去牛棚时，"我"变成孩子突然出现在妈妈的面前。孩子一天下来，从未离开妈妈的身边，表现出对妈妈的依恋，而妈妈也以温柔、善良、朴实的形象出现在眼前。孩子不停地变化是诗人的想象，这一想象中结合着诗人的个人宗教情结，将神的善与爱托于孩子身上表现出来，金色花是印度圣树上的花，体现作者对神的赞颂。泰戈尔生活在充满佛教文化的印度，本身信奉宗教，他主张通过宗教的教化，让印度民族实现精神上的独立，所以他的很多诗歌都体现着浓重的宗教色彩，只有了解了泰戈尔的宗教情结，我们才能更深入"颂神"主题，才能发现原来诗人宣扬的是富有宗教意义的爱——最高尚，最纯洁的爱。[1]挖掘到这一层意味，才算真正读懂了《金色花》。

《荷叶·母亲》是七年级下册教材第二单元中的一首赞颂母爱伟大的散文诗，该诗以物喻人，看到荷叶为红莲挡雨的情形想到母亲对孩子的守护，以荷叶比喻母亲，红莲比喻孩子，在诗的最后"母亲啊！你是荷叶，我是红莲。心中的雨点来了，除了你，谁是我在无遮拦天空下的隐蔽？"原本毫无关系的两件事物，被诗人巧妙地连接在一起，别有深意。"心中的雨点"暗示着经历的坎坷，当坎坷波折来临时，母亲永远以保

---

[1]陶建强.从《金色花》看泰戈尔的宗教情结［J］.语文教学通讯,2007（35）：44.

护者的姿态出现。诗中提到"白莲"的遭遇，和"红莲"形成对比，更加展现了有母亲保护的幸福，凸显出诗人对母亲的感恩之情。品读这首诗的意味时，由描写母爱至对母爱的感恩，由此及彼，联想到个人与母亲种种无法言说的亲情。母爱也是冰心"爱的哲学"三大主题之一，《荷叶·母亲》是其诗歌主题下的代表作。

冰心的散文诗深受泰戈尔影响。冰心和泰戈尔的作品简洁、清新、细腻，善于从日常生活中撷取细小的物象，捕捉刹那间的灵感，抒发内心丰富的情感，蕴含着深深的哲思，意味丰富。[1]

总而言之，不管是意味明显的诗，还是意味暗藏的诗，教师在和学生一起学习现当代诗歌时，都要充分挖掘其深层次的内涵，丰富个人对意味的理解。老师要帮助学生在领悟到诗歌意味后将其转化为自己的人生思考，方不负读得一首好诗。

（三）咏唱"韵味"

诗的音乐美，它的节奏、音韵构成了诗的韵味。[2]欣赏诗的韵味，莫过于朗诵。古人朗诵时，受到诗歌感染，会不自觉地"摇头晃脑"。这正是由于诗歌具有韵味，人们在诵读时，头部会跟着诗歌的节奏晃动。

教材现当代诗歌选篇中《黄河颂》《回延安》《沁园春·雪》《乡愁》《你是人间的四月天——一句爱的赞颂》《祖国啊，我

---

[1]教育部.义务教育教科书语文七年级上册［M］.北京：人民教育出版社，2018：28.
[2]吕进.新诗的创作与鉴赏［M］.重庆：重庆出版社，1982：335.

亲爱的祖国》《梅岭三章》等，形式优美，读起来朗朗上口。

七年级下册教材第二单元中光未然的《黄河颂》站在高山之巅的角度，用直接抒情的方式，向黄河母亲唱出颂歌，展现了黄河的磅礴气势、祖国人民的爱国热情以及抗日英雄的豪迈气概。读者在欣赏这类诗歌时，会不自觉地想要大声地读出来，以喷发出心中对这首诗歌的感受。这首诗歌是《黄河大合唱》第二乐章，歌词部分节奏鲜明，"望"的部分主要以四字结尾：

> 我——站在——高山之巅
>
> 望——黄河滚滚
>
> 奔向东南
>
> 惊涛澎湃
>
> 掀起——万丈狂澜
>
> 浊流宛转
>
> 结成——九曲连环
>
> 从——昆仑山下
>
> 奔向——黄河之边
>
> 把——中原大地
>
> 劈成——南北两面

转入"颂"的部分，则直接用三个"啊！黄河！"来表达强烈的音乐美，用重复的话语"像你一样的伟大坚强！像你一样的伟大坚强！"增强节奏美。

在用韵上，全诗以"十三辙"来选取韵脚，主要以言前韵和江阳韵。这类"洪亮级"韵辙为主，形式呈 ABAC 式。颠（diān）滚（gǔn）/南（nán）湃（pài）/澜（lán）转（zhuǎn）/环（huán）下（xià）/边（biān）地（dì）/面（miàn）河（hé）/篮（lán）化（huà）/源（yuán）事（shì）/演（yǎn），转入"颂"的部分，先用一段言前韵转入江阳韵，气势越来越高涨，声音越来越洪亮。河（hé）强（qiáng）/人（rén）上（shàng）/魄（pò）障（zhàng）/河（hé）丈（zhàng）/荡（dàng）岸（àn）/膀（bǎng）神（shén）/下（xià）长（zhǎng）/女（nǚ）样（yàng）/强（qiáng）强（qiáng），尽管"颂"的部分韵式没有那么整齐，但并不影响整首诗歌在用韵上的精妙。韵脚、韵式、节奏都是为诗歌内容服务的，正是有了内容上和形式上的完美统一，才让诗歌变得如此独特。

早期的诗歌与音乐相互依存，除了口头上的吟诵外，还将诗歌和音乐结合，以唱的形式表现出来。《黄河颂》本身是一首情感非常强烈的诗歌，配上激昂高亢的乐曲，以合唱团的形式，将其中魅力释放得淋漓尽致。欣赏者瞬间就能进入诗歌情境，领会黄河的磅礴气势，激发心中爱国之情，体会中华民族豪迈的英雄气概。所以欣赏诗歌的韵味，常常和朗诵、乐曲结合在一起，更能感知其中诗味。

九年级上册教材第一单元毛泽东的《沁园春·雪》，写于1936 年 2 月。"沁园春"是词牌名，讲求古代格律。格律诗在字数和声调上都有所规定。毛泽东以"沁园春"为词牌名，遵守其写作规律，在用韵和声调上都有一定的讲究。韵脚分别为：

飘（piāo）、滔（tāo）、高（gāo）、娆（ráo）、娇（jiāo）、腰（yāo）、骚（sāo）、雕（diāo）、朝（zhāo）。一首诗是否有韵味不仅仅在于诗歌有无节奏和用韵，还在于内容与外在形式的契合。作者这首诗歌之所以韵味十足，首先是因为写出了祖国大好河山的壮美，写出了心中伟大的抱负，充满万丈豪情，其次才是诗歌的格律特点，使得诗歌易于唱诵识记。

诗歌的韵味和情味相互补充，韵味使得情味更加浓郁，情味使得 "韵" 更加有味道。韵味在文本上以韵和节奏的形式表现出来，在声音上以朗诵、唱、吟诵等方式表现出来。欣赏者朗读或唱诵诗歌，用自己的声音发声，方能体会其中韵味。

（四）巧妙体会 "兴味"

"兴味指艺术趣味，指一首诗在语句、构思、表现手法方面的诗味。"[1] 兴味偏向于写诗技巧的运用，一首好的诗歌不仅需要情感真实，还需要用一定的技巧将这种真实的情感传递出来，使读者共鸣。教材现当代诗歌选篇，每一首诗歌都有别样的韵味。

九年级下册教材第一单元中卞之琳的《断章》是一首简短而意蕴深远的诗歌，该诗将常见的意象 "桥" "风景" "楼" "明月" "窗" "梦" 等重新组合，以主客流转的 "看" 与 "被看" 的新颖构思来使得诗歌意味深远，而富有意趣。这正是兴味在构思层面的诗味体现。诗人将自身抽离于诗歌场景，以第三者的

---

[1] 吕进. 新诗的创作与鉴赏 [M]. 重庆：重庆出版社，1982：336.

视角看到"风景"和"看风景的人"之间相互转化，却并不详细地描述所看风景，而由此联想到"明月""窗""你""别人的梦"四者之间的联系，体现出事物之间相对而又相互关联的哲理。

九年级下册教材第一单元中高尔基的散文诗《海燕》是短篇小说《春天的旋律》的结尾部分，该小说主要以鸟的交谈为中心，分别为各种鸟类加上官衔和名称以讽刺所代表的阶级，抨击当时的沙皇统治。《海燕》作为小说的结尾，具有浓烈的抒情意味。而该诗的特点除抒情外，在表现手法上也极为讲究。从整体看，该诗最为突出的是采用了象征手法。文中的"海鸥""海鸭""企鹅"象征着俄国社会中的资产阶级自由派、机会主义者和立宪民主党等各种人物，"蠢笨""呻吟"等词语表现了这些伪革命者的怯懦，与"海燕"的英勇坚强形成强烈的对比；"乌云""雷鸣"象征着以沙皇为代表的反革命力量，"海洋"象征着革命浪潮高涨时的广大人民群众，"暴风雨"象征着席卷一切的革命浪潮和风暴，"太阳"象征着光明的未来和革命人民的信心。"乌云""雷鸣"的力量与"海洋""暴风雨""太阳"的势力形成鲜明的对比。[1]所以，这首诗歌还运用了对比、拟人的修辞手法，揭示了人民革命的决心和昂扬的战斗精神。从行文细节看，该诗运用了呼告和反复的修辞手法。呼告，在情绪特别激动，必须要喊出来

[1] 戈宝权. 谈谈高尔基的《海燕》[J]. 北京师范大学学报（社会科学版），1978（04）: 63.

时，才会用到，反复也是为了加强语气，两个修辞手法都是为了增强情感的抒发。"——暴风雨！暴风雨就要来啦！"，这是海燕这位胜利的预言家所呐喊的。"让暴风雨来得更猛烈些吧"，展示了已经按捺不住的革命激情。[1]该诗还运用了比喻的修辞手法，将海燕比作黑色的闪电，突出了海燕的勇猛；将海燕比作精灵，展示了海燕的自信；将巨浪比作翡翠，形象生动地写出了两股势力交锋时的激烈场景。《海燕》之所以出名，一方面是时势造就，另一方面是这首诗中的情感引人共鸣，其中的表现手法、文本构思，为这些强烈的情感找到了抒发的方式，两者相互配合才有了这样的佳作。

九年级下册教材第一单元中的《月夜》是沈尹默1926年创作的一首现代诗，整首诗歌并没有用特别的表现手法，"霜风""月光""树"三个意象，也是普通的意象，诗的精彩之处在于最后两句"我和一株顶高的树并排立着，却没有靠着"，赋予"树"这个普通的意象深刻的内涵，即使树顶高，"我"也没有依靠它，"我"在孤独中追求"我"的人格独立，追求"我"的思想自由。[2]诗歌前两句描写环境，烘托出孤独萧瑟的气氛，后两句表达"我"的心境，遐想无限，只可意会不可言传。

教师带领学生体会诗歌的"兴味"时，主要是从诗歌语

---

[1]教育部.义务教育教科书语文七年级下册［M］.北京：人民教育出版社，2018：10–11.

[2]教育部.义务教育教科书语文九年级下册［M］.北京：人民教育出版社，2018：7.

言、构思技巧、表现手法等层面赏析。同时应引导学生从作者的创作中找寻属于个人的写作技巧和语言风格，结合个人的写作特点进行诗歌创作的尝试。

二、"对比""分类""反复"阅读朗诵

全面把握现当代诗歌"诗教"的途径，为教师和学生鉴赏诗歌提供策略，为"诗教"的实施提供便利。"情味"和"意味"是诗歌的具体内容，而"韵味"和"兴味"是诗歌的表现形式。吕进先生认为：如果"情味"和"意味"是"写什么"方面的诗味，那么"韵味"和"兴味"就是"怎样写"方面的诗味。[1]以诗人的写诗角度解读诗歌方能体味诗歌诗味，发挥"诗教"的作用。

（一）对比阅读

首先是和诗人其他作品对比阅读。诗歌情味和意味的理解都需要从作者的生平和写作背景入手，了解作者情为何事发，意为何事兴。从古至今，"知人论世"都是深入解读诗歌所不能缺少的必要前提。孟子谓万章曰："颂其诗，读其书，不知其人，可乎？是以论其世也，是尚友也。"[2]孟子认为吟诵他人的诗歌应对其为人、所处时代进行了解，上溯历史，与古人交朋友。童庆炳先生在解读孟子"以意逆志""知人论世"观点时认为：解诗，首先要读懂作品，立足于整体，不能拘泥于

---

[1]吕进.新诗的创作与鉴赏［M］.重庆：重庆出版社，1982：336.
[2]万丽华，蓝旭译注.孟子［M］.北京：中华书局，2006：236.

个别字词，进而了解作者的各种情况，尤其是为人，再进一步了解作者的生活时代，将三个环节联系起来。[1]而笔者认为在"知人论世"的基础上，还需联系作者同时期的其他作品，对比阅读，探索共同特征，以更好地把握作者的创作情感。

　　例如，笔者在分析艾青的《我爱这土地》时，除对艾青当时的经历、写作背景做分析外，还单列出他这一时期的其他作品，发现诗人常用"土地"意象来表达祖国遭受的磨难，体现对祖国土地深沉的爱。基于这样的认识，欣赏者可查阅艾青诗歌的"土地"意象的相关资料，进一步挖掘深层次的诗歌内容，尤其是教师在教学之前，需要对诗歌解读透彻后再进行教学。学生在充分了解作者个人经历、写作背景后，与诗人其他作品联系起来，再立足整体进一步挖掘诗中的情味、意味，得出自己的思考，分析诗人形象，解读诗歌意象，然后进入诗歌意境。

　　其次是和学过或熟知的其他诗歌对比阅读。例如，与同时期、同主题、同背景、同形式等的现当代诗歌对比。如《沁园春·雪》和《梅岭三章》均创作于1936年，采用旧体诗词的写作方式。毛泽东同志是新中国的开国领袖，陈毅同志是开国十大元帅之一，两人的诗词体现了领导人物宽广的胸怀、豪迈的气概。不同的是，两首诗歌的具体创作背景不一样，毛泽东同志看到中国革命进入新时期，写下了气势磅礴的《沁园

---

[1] 童庆炳.中国古代文化论的现代意义［M］.北京：北京师范大学出版社，2001：95.

春·雪》，表现了中国共产党人的雄才大略和伟大抱负。陈毅同志在革命艰难时期，以《梅岭三章》表达了对革命事业必胜的坚定信念。

运用对比阅读，首先以两者的共同点为前提，再对比不同点。值得强调的是，教师要找准对比的目的，以便在对比阅读后，加深学生对诗歌的理解，并使学生形成个人的感悟。

（二）分类阅读

具有意味的诗歌主要分为“寄托诗”和“非寄托诗”。通常情况下，一些“非寄托诗”的意味比寄托诗的意味强烈，让人一读就能感受其中哲思。例如，上文分析的《假如生活欺骗了你》和《未选择的路》，这样读起来自然而然就可以理解其中生活智慧、人世经验，就不用刻意地追求什么方法去解读。只需在意会其哲理后，抓住文本细节进一步赏析诗歌语言，加深对诗歌哲理的理解。“寄托诗”的意味则不那么明显，需要欣赏者找出言外之意，而沿波讨源则是其主要方法。沿波讨源相当于顺藤摸瓜，出自《文心雕龙·知音》：“夫缀文者情动而辞发，观文者披文以入情，沿波讨源，虽幽必显。”[1]大致就是说文章的作者因情动，发而为辞，而读者先看到文辞，由文辞了解作者情志，沿着外形去探讨内在情志，这样深层次的思想内容就能显现出来。如《荷叶·母亲》，文中一句“我们园里最初开三蒂莲的时候，正好我们大家庭中添了你们三个

---

[1] 王云熙等撰．文心雕龙译注 [M]．上海：上海古籍出版社，2012：331.

姊妹",抓住诗中这个细节,结合诗的末尾,"坐在母亲旁边——一回头忽然看见红莲旁边的一个大荷叶,慢慢地倾侧了来……",从而确定了母亲——荷叶形象的意义。

(三)反复诵读

诵读主要指朗读和朗诵,朗读至朗诵是逐步深入理解诗歌的过程。诗歌具有音乐美和抒情美,我国古代,诗和礼乐是分不开的,最初的诗就是由人们口头所诵之物转化而成,足见"诵"对诗歌的重要性。诗只有在反复诵读中才会逐渐显露它的美。[1]可见,人们也只有在朗诵中,才能感受到诗歌的节奏和韵律为诗歌增添的美。不同的韵律和节奏也只有在读的过程中才能感受到区别。例如,《黄河颂》中押言前韵和江阳韵这种洪亮级的韵,只有发声的时候才能感受到押该韵为文章带来的气势。如果仅仅只是看而不诵,作者对黄河"颂"的气势就减弱一半,正是高声朗诵、歌唱,才让诵读者感受到黄河磅礴的气势,心中的热情才被激发。

反复诵读有利于读者理解诗中情感,感受诗中韵律和诗中节奏,有利于提升审美,陶冶情操。首先,欣赏者在对诗歌毫无了解的情况下,可以根据语感自行停顿,在1～3遍的朗读中,逐渐体会诗歌正确的节奏,并感受其中韵律。其次,基于正确停顿和韵律的感受上,领悟诗歌内涵,一般朗读2～3遍。再次,在进一步对诗歌情感、思想剖析的情况下,尝试朗诵。

---

[1]吕进.新诗的创作与鉴赏[M].重庆:重庆出版社,1982:71.

最后，在充分理解整首诗歌后，以配乐等形式，基于个人对诗歌中情感的理解，进行朗诵和唱诵。

由朗读到朗诵的过程，其实就是读者对诗歌加深理解加深记忆的过程。在这个过程中，从诗歌形式深入诗歌内容，再从诗歌内容反转到诗歌形式，音乐美和抒情美相互配合，最后形成完整的诗歌诵读。

（四）品读语言

诗歌艺术是语言的艺术，教师引导学生学习诗歌，从某种程度上讲就是学习诗歌的语言。诗歌语言是诗人内在情感的外在表现形式。诗人不仅要用巧妙的构思构建诗歌全局，还需要借助意象、修辞等使语言变得形象生动，通过诗歌语言打动读者。因此，发挥"诗教"价值，必须掌握诗歌语言。可将诗歌语言的把握分为以下几种。

第一种，诗歌语言本身引人联想。如《月夜》："我和一株顶高的树并排立着/却没有靠着。"看似平平淡淡的语言，却表现出深远的意境。《断章》全诗中，"你"和"我"之间的视角流转，让人感受到整体与个体间互相关联。《萧红墓畔口占》："我等待着，长夜漫漫/你却卧听着海涛闲话。"既是喃喃自语，也是寂寞地倾诉，意味深长。简单的语言描绘出无限的想象空间。阅读这类诗歌需要读者有一定的生活阅历或者文学积累，在反复阅读中，结合作者生平、创作背景，准确抓住个人想法，捕捉心中产生的联想画面。读者应站在作者的写作角度，准确揣摩诗人诗歌语言的指向性。

第二种，诗歌有大量的修辞手法。这类诗歌可以赏析其修辞手法，不断分析修辞手法在诗歌中的作用，从而走进诗歌中心。现当代诗歌常用比喻、借代、反衬、象征、通感、模拟、重叠、排比、蝉联、对仗等修辞手法。比喻通常为了显示语言的形象性和生动性而存在。《海燕》："海燕像黑色的闪电，在高傲地飞翔。"把"海燕"比作"黑色的闪电"，形象生动地展示出了海燕勇猛的形象。借代即不直接用事物的本名，而用与之相关的事物来代替，往往是为了突出事物的本质特征，使语言简练而形象。如《梅岭三章》："旌旗十万斩阎罗。"[1]"旌旗"本指古代用于开道的一种旗帜，这里借代军士。象征，指由一个事物暗示另一事物，借以表达思想情感。象征手法的运用在诗歌中很常见，如《黄河颂》中的黄河，实则象征中华民族。排比通常也是为加强诗歌情感，如"我是贫困/我是悲哀/我是你祖祖辈辈痛苦的希望啊"（舒婷《祖国啊，我亲爱的祖国》）。[2]反衬主要突出所吟咏的对象。通感，就是将五官之感进行互换。模拟就是运用拟声词，描绘某种事物的声音。重叠常常为了加强情感的抒发。蝉联，将上一句末尾的词当作下一句的开始，为了使语言流畅，便于歌唱。对仗，平仄相对，字数相同。

第三种，意象解读，探索诗歌意象内涵。意象是读者走进诗人心灵的窗口，能准确把握意象，就能进入诗人的情感世

---

[1]教育部.义务教育教科书语文九年级下册[M].北京：人民教育出版社，2018：10.

[2]教育部.义务教育教科书语文九年级下册[M].北京：人民教育出版社，2018:2～3.

界。意象的把握从作者创作习惯和诗歌本身着手。现当代诗歌的意象具有不确定性，大多意象有各自所代表的含义。这往往给读者造成了一定的阅读障碍。因此，在解读诗歌意象时，首先从诗人的创作习惯入手。有的诗人，他的作品总体上喜欢使用1～3个惯用意象，这主要由于作者的生平经历，使他的诗歌内容大多关注一类事物。例如，艾青的诗歌常常使用"太阳"和"土地"这两个意象。只要弄清这两个意象背后的含义，就能在艾青的其他诗歌准确定位这两个意象。其次，把握诗人惯用的写作主题。例如，冰心的三大创作主题"母爱""童心""自然"，读者在解读意象时，如果存在难度，就联系诗人的写作主题，推敲意象背后的隐藏内容。这两种方式主要是从个性中找到共性，但大多数诗歌与其他诗歌联系不强。这时候，需要读者联系诗歌其他语言，结合诗人所处的时代背景，进而把握诗歌意象。例如，九年级下册第一单元第三课芦荻《风雨吟》"风从大地卷来/雨从大地奔来/郊原如海/房舍如舟/我有年轻舵手的心/在大地风雨的海上"中的"风"和"雨"可以是大自然的风雨，也可以是人生遇到的"风雨"，1935年，中国正处于风雨飘摇的年代，此时的作者二十来岁，正是投身祖国，贡献力量的大好年华。这个"风雨"暗示着祖国遭受的磨难，也暗示着"我"作为没有经验的年轻人遇到的人生坎坷。

第二节 教师初中语文现当代诗歌"诗教"教学策略

情味、意味、兴味、韵味是鉴赏现当代诗歌的重要方面，教师的教学要结合初中生的学习情况，教师从备课至课程结束，充分融入"四味"，丰富教学，帮助学生自觉接受"诗教"熏陶。

一、基于"诗教"的育人价值充分备课

备课是每个教师的基本功，一次好的备课是教师上好一堂课的前提。教师备课主要从三个方面进行——熟悉教材，了解学生，自我准备。

（一）要熟悉教材

教师在引导学生进入细读诗歌环节之前，首先要保证自己对诗歌"诗教"内涵有足够的了解，能够准确理解诗歌中蕴含的"诗教"价值，以达到"诗教"目的。以程少堂《〈沁园春·雪〉备教手记》为例：程少堂受邀讲解一堂公开课——《沁园春·雪》，开车到距离他家222公里远的深圳大学图书馆，借阅了20本有关毛泽东的诗词，加上家里自购的，总共使用参考书目44本。[1]教师这样细致地、全方位地备课，应对课

---

［1］剑男主编.备课到底备什么·语文名师备教手记［M］.武汉：长江文艺出版社，2018：112–122.

堂教学时就能游刃有余。虽然，语文教师不用上每堂课都以如此庞大的工程作为基础，但教师还是得充分查阅资料，保证个人能从多角度解读文本。

（二）要了解学生

教师不仅要对教材中的教学内容十分熟悉，还要对学生有细致的了解。教师对学生的了解主要从两方面把握：一方面是把握学生的心理特征，另一方面是把握学生学情。

心理特征上，初中生由于生理特征的变化，对心理特征有一定影响，尤其初中生开始关注爱情等方面的内容。根据调查问卷结果和笔者深入课堂观察发现，女生大多喜欢伤感文学，喜欢爱情诗，尤其是至死不渝、惊天动地的爱情故事，男生逐渐开始关注女生外貌，表现出对爱情朦朦胧胧的向往。诗歌的核心之一就是情感，教师在备课时，需要考虑如何通过诗歌正确引导初中生的情感取向。从教材选篇看，现当代诗歌的主题以爱国情怀为主，教师可以举行诗歌朗诵比赛，播放诗歌相关题材影片等吸引学生注意力，将其情感取向从小我之情转移至爱国情怀上，强化学生的爱国热情。

学生学情上，初一的学生刚从小学步入初中，学习方式的转变可能会导致学生出现不适应的情况，教师可以联系小学阶段所学诗歌，引导学生转变学习思维。初中生通过小学阶段的学习，能够借助工具弄清字音、字义，扫除基本的阅读障碍。并且，这一阶段的学生能够主动有意识地学习，抽象思维能力逐渐加强。教师备课时，可以考虑通过诗歌意象，充分挖掘学生的思维潜力，引导学生展开想象，多角度探索。

（三）要调动情绪

诗歌为情而发，教师不仅要引导学生进入诗歌情境，教师自己也要进入诗歌情境，教师调动相应的情绪才能感染学生。值得注意的是，教师备课应准备两套及以上的教学方案，以备不时之需。因为，同样的教学内容，教学对象不同，教学时间不同，产生的效果也不同。学生是课堂学习的主角，教师以学生为中心开展教学活动，应为学生随时可能出现的情况预备多种教学方案。

二、立足"诗教"意蕴巧定教学设计

（一）巧设导入

初中阶段的学生，注意力开始从无意注意转向有意注意，注意力集中的时间也在逐渐增长。但这一变化的前提是学生能够对目标物产生相应的兴趣，或者明白目标物对自身的重要性，而自觉集中注意力。由此，教师在进入教学时，巧妙的课程导入变得尤为重要。一个精彩的导入环节可以吸引学生注意力，摆脱课间杂乱的思绪，迅速进入课堂学习情境，为诗歌教学铺设良好开端。

1.借助网络资源导入，引导学生进入诗歌情境

诗歌以精炼的语言表达无限的情感，学生很难从有限的文字中领悟无限的情感，往往只能停留于诗歌表层，而教师的职责是引领学生进入诗歌学习的氛围。网络资源主要指与诗

歌主题、背景、中心思想有关的或者能引起读者学习该诗兴趣的视频、音频、案例、图片等。例如，学习艾青的《我爱这土地》，教师可找到抗日战争初期，日本侵略中国时留下的影像资料，表现日本疯狂肆虐，中国人民奋起反抗，基于感官上的震撼，学生就能理解艾青那颗炙热的爱国之心，也更能体会作者敢于献身祖国的豪情。学习《荷叶·母亲》时，教师可以根据荷叶保护红莲时的景象，延伸到现实生活中母亲用躯体保护孩子，母亲替孩子负重前行的事例，从而引发学生对母爱的思考，再进入诗歌的学习。学习《黄河颂》可由《黄河大合唱》引入，用震撼人心的音乐声，激发学生的共鸣。学习《沁园春·雪》可以用图片导入，展示北方冬天的景观图像，让学生对北国有初步感知。

教师在寻找与诗歌教学相关的音频、视频、案例、图片时，一定要与诗歌内容相契合，不能让导入喧宾夺主。导入是为了吸引学生更好地进入诗歌学习状态，因此视频、音频不宜过长，一般2～3分钟为宜，图片安排5～6张左右最佳，案例选择1～2个，由教师在讲解案例中逐渐进入诗歌学习。

2.诗人背景故事导入，引导学生了解诗人

教师整合诗人的生平、诗歌创作背景，将其糅合成故事情节，以此作为教学导入，不仅可以丰富学生的文学常识，还可以提高学生对诗人的探索兴趣，从而主动学习诗人的其他诗歌。青春期的学生具有强烈的逆反心理，教师以绘声绘色的故事导入，润物细无声地感染学生，使学生能够在轻松自由的状态下自主学习。以林徽因的《你是人间的四月天——一句爱的赞颂》为例，以其个人生平及创作背景为故事情节。关于该诗，有人说是为徐志摩所写，有人说是为儿子而写，或者两者皆是。结合初中生对爱情懵懂的向往，教师可以以林徽因与徐志摩的交往的情感主线来介绍林徽因。教师个人若在写小说、戏剧方面有特别的才华，可发挥自身特长，结合林徽因与徐志摩书信的往来，将其整理成小说或戏剧，以此为导入。教师也可以借鉴他人就林徽因个人写成的人物传记，针对某一故事情节导入。如白落梅《你若安好便是晴天》[1]、白衣萧郎《三生三世犹忆当时：林徽因的美丽与哀愁》[2]都是写得较有诗意的人物传记。教师为学生叙述情节时，可结合图片，引起学生的情感共鸣。

3. 以旧知带新知，引导学生在熟悉中进入新知

现当代诗歌"诗教"只有在学生充分理解诗歌，能被诗歌所感染的前提下，才能有效发挥"诗教"对学生的作用。教师通过旧知识的复习，为学生在新旧知识之间搭建桥梁，既能保证"诗教"的实施，又能巩固已学成果。初中生的反抗性与依赖性共存，对周边的事物和环境有时会产生不相信、抵触的情绪，教师通过旧知识的导入，让学生进入熟悉的知识学习情境中，有利于减轻学生的抵触情绪。

旧知识，可以是除现当代诗歌外的文体，可以是古典诗

---

[1] 白落梅 . 你若安好 便是晴天：林徽因传 [M]．长沙：湖南文艺出版社，2011.
[2] 白衣萧郎 . 三生三世 犹忆当时 [M]．北京：北京联合出版公司，2012.

歌，也可以是某种突出的修辞手法、意象、表达方式，或是曾经学过的诗人的其他作品等，只要与所学诗歌相关，教师可以随机选用一种用于新课学习的导入。教师在教授艾青《我爱这土地》时，可以结合七年级下册端木蕻良的《土地的誓言》[1]导入，该篇文章描绘了许多土地生活的具体景象，运用了大量的排比，情感真挚，以呼告的修辞手法结尾，喷发出强烈的爱国热情。并且，该散文和《我爱这土地》都有"土地"一词，教师以该散文作为导入能迅速引发学生的情感共鸣。

4.联系生活实际导入，引发学生共情

联系生活实际，主要结合学生的生活环境中能够切身感知到的事件，以谈话法或渲染法进行诗歌教学的导入。部编版教材选篇中的爱国情怀主题，初中生亲身实践的感知较为欠缺，但母爱、人生选择、友谊等这类主题对于初中生来说接触较多，所以这类诗歌可以联系生活实际导入。教师在讲授《未选择的路》时可以这样导入：我们常常在做选择，选择喜欢的零食，选择喜欢的衣服，选择喜欢的书籍，选择喜欢的学校。而那些被排除的选择，我们常常会想，会不会其他口味的零食更好吃，会不会另外一件衣服穿起来更好看，会不会另一类书籍会更有趣味，会不会去其他学校学习成绩会更好，我们带着这些想法，去看看美国诗人弗罗斯特《未选择的路》。教师在教授《荷叶·母亲》时可以以谈话的形式导入：在我们日常生活

[1]教育部.义务教育教科书语文七年级下册［M］.北京：人民教育出版社，2017：37–39.

中，母亲总是事无巨细地照顾着我们的生活，默默地守护着我们，想一想，在生活中你的母亲都为你做过哪些事情。由这些日常琐事将学生引入到母爱伟大的主题中，为学生心理过渡提供链接。

5.教学导入注意事项

学生角度。初中生思维逐渐成熟，情感表现较为明显，教师的教学导入要充分利用这一特征，巧妙设计教学导入。以上四种教师的教学导入方法，应充分考虑诗歌情感和学生情感两者之间的共鸣。

导入角度。导入要紧密结合诗歌内容，不能为了导入而变得僵硬、形式化。导入选择的案例要具有典型性，最好是近段时间刚发生的事情，更能引起学生共鸣。教师根据诗歌内容，选择合适的导入方法，在促进学生情感共鸣，引起学生学习兴趣的前提下，综合运用教学导入方法。

（二）朗读诗歌，整体感知

朗读是语文学习最有效的方式之一，也是诗歌学习中不可缺少的重要环节。学生在反复朗读中，品味诗歌语言，体会诗歌情感，感受诗歌的意象。基于导入在学生情感方面的铺垫，朗读能帮助学生快速进入诗歌情境，促进学生的诗歌感悟力。

朗读方式可以分为自由朗读、全班齐读、教师范读、音频朗读等。根据诗歌的难易程度，教师可以适时地介绍作者及创作背景，以帮助学生快速了解诗歌内容。例如《我看》和《你是人间的四月天——一句爱的赞颂》情感较为隐性，这两首诗歌，如果学生对作品的附加信息没有任何了解，那么读完诗歌后，就不能产生感悟。因此，这类诗歌就需要教师提供作者生平以及创作背景。像《祖国啊，我亲爱的祖国》《我爱这土地》《乡愁》等情感较为显性的诗歌，虽然学生在朗读后，不能很深入地理解诗歌，但是能初步感知到诗人的爱国情怀与思乡的情感。这类诗歌，教师就应在学生形成初步感知后，再进一步引入作者生平、创作背景，这样既能使学生初读诗歌后形成个人体验，又能激发学生深层次探索诗歌的欲望。

学生在朗读后，教师要及时予以有效评价。例如，某个地方的重音或停顿读得好，某句语气需加重。让学生清楚地认识个人的朗读情况。若教师采取范读、音频朗读，学生听读的方式引导学生整体感知，那么教师需要提示学生在听读过程中需要注意的地方，促进学生集中注意力规范朗读。

教学过程中，朗读的目的是引导学生快速走进诗歌中心，掌握朗读技巧。除此之外，教师还需为学生的朗读设置目标，让学生在朗读过程中有所思考，进而整体感知诗歌。例如，诗歌表达了怎样的感情，哪句诗最能引起你的注意等。学生通过读思结合的方式，有利于学生深入文本解读。

以《祖国啊，我亲爱的祖国》为例，诗歌强烈的情感、重复的句子、排比的运用，极易展现诗歌魅力，常常成为各大朗诵比赛的不二之选。但是，若朗诵者的功力不够，就极容易变成嘶吼而毫无感染力。示例如下：

师：读课文之前，老师这里有两个小问题，请同学们边读边思考。①诗歌主要表达了作者什么情感？②概括诗歌每小节的主要内容。

师：接下来，请同学们自行朗读诗歌，读准字音，找准诗歌感情基调。（2～3分钟）

师：同学们，咱们一起来齐读这首诗歌，注意诗歌停顿、重音等，有读不准的字音，听听其他同学的发音。祖国啊，我亲爱的祖国，作者舒婷。预备，起！

（初三年级的同学已经具有一定的词汇量，只有少数不会读的字音，一般情况下，没有必要单独作为重点讲。教师一定要为学生发出齐读的口令，保证全班同学能够一起进入朗读状态。）

生：朗读。

师：同学们刚刚的朗读，整体上听起来很不错，有情感变化，例如"祖国啊"这几个地方读得非常好，另外有几个小地方，咱们需要稍微注意一下。第一小节，"破旧""老水车""疲惫""歌""熏黑""矿灯""蜗行""摸索""干瘪""稻穗""失修""路基""淤滩""驳船""深深勒进""肩膊"重读，第三个"我是"和之后的"是""是"语调上扬，"勒进你的肩膊"语调下沉，"祖国/啊……"拉长声音。（教师及时播放音频，让学生感知教师所强调的重点。）

第二小节："贫困""悲哀""祖祖辈辈""痛苦的""希望""花朵"重读，"希望啊"拉长声音，后面三句语调上扬。（播放音频，范读。）

第三小节："簇新""理想""挣脱""雪被""胚芽""雪白""起跑线""绯红""黎明""喷薄"重读，"正在喷薄"语调上扬。"祖国/啊……"拉长声音。（播放音频，范读。）

第四小节：整体节奏变快，"十亿分之一""九百六十万平方""总和""伤痕累累""迷惘""深思""沸腾"重读，"迷惘的我、深思的我、沸腾的我""你的富饶、你的荣光、你的自由"语气逐渐上扬，"沸腾的我""你的自由"重读，"祖国啊……"拉长声音，"我/亲爱的/祖……国！"（播放音频，范读。）节奏越来越快，由第一节沉重悲痛的基调慢慢向高昂激情过渡。

师：同学们注意刚刚老师提到的地方，再齐读一遍。祖国啊，我亲爱的祖国，作者，舒婷。预备，起！

生：朗读。

师：同学们，这一次朗读比上次进步很多，大家想一想为什么这首诗歌有这么多重音，情感基调也不是一成不变的呢？咱们进一步来了解一下诗歌。这首诗歌是作者舒婷创作于1979年……教师适时地引进诗人的写作背景，加深学生的整体感知。

教师在教学过程中传授朗读技能，包括发声的方法和朗读的基本技巧。由于这种理论知识非常枯燥，所以教师只需在教学过程中适当地点拨。在整个朗读环节结束后，教师要带领学生回到朗读前所提出的问题，为深入研读诗歌做准备。

（三）细读诗歌，深入文本

1.巧设问题，引导学生深入诗歌文本

教师引导学生对诗歌整体感知后，需要进一步对诗歌进行解读，而这个解读，往往以提问的方式进行。"好的提问往往能激发学生的思维兴趣，开拓学生思路，训练学生的语言。"[1]

课堂提问要循序渐进。学生对诗歌有初步印象后，教师根据诗歌教学过程由易到难、由浅入深地设置问题，引导学生一步步深入文本。例如，整体感知《我爱这土地》后，教师可以提问，诗歌哪一句揭示了诗歌主旨？倘若教师一开始就问学生，该诗揭示了什么主题，学生可能回答不准确。教师再问，诗人是怎样深爱这片土地的，找出文中诗人深爱土地的句子。学生找准句子。进一步分析：诗人是怎样形容土地的呢？通过定位句子、定位词语加深学生的情感印象。

课堂提问要精准，要有针对性。初中生的感知觉呈现增强的趋势，但对教师宽泛的提问，仍然不能准确把握，这就要求教师在处理个人教学用语时，要精炼、准确。如教师提问①诗中怎样体现的爱国热情？和②诗中通过什么意象，用了什么表达方式展现了诗人的爱国热情？"意象"和"表达方式"瞬间让学生抓住回答的要点，而"怎样体现"就显得大而广，学生不能很好地找准要点。精准提问的关键点是抓住问题核心，找

---

[1]段昌平.语文课堂教学操作艺术［M］.北京：中央编译出版社，2012：83.

准对应的核心词。

2.自主合作，培养学生的探究意识

课标指出："学生是学习的主体，语文课程必须根据学生的身心发展和语文学习的特点，鼓励学生自主阅读、自由表达，充分激发他们的问题意识和进取精神，关注个体差异和不同的学习需求，积极倡导自主、合作、探究的学习方式。"[1]这有利于学生养成独立思考的能力，增强团队合作意识，养成探究问题的习惯。现当代诗歌发挥"诗教"更需要学生通过自主、合作、探究的方式增强情感体验。

初中生自我意识高涨，反抗心理增强，教师需将课堂还给学生，让他们发挥个人特色。但是，初中生的能力并不能支撑他们独立完成课堂学习。所以，将小组合作探究安排到一堂课的中后期，主要对诗歌语言中的意象、修辞以及诗歌主题的升华等较难的知识点进行探究。小组合作分工要明确，如谁负责记录，谁负责发言等。小组合作过程中，教师要深入小组合作交流过程，根据他们的讨论情况适当引导。例如，从作者时代背景、思想感情、写作顺序、修辞手法等方面对比分析余光中《乡愁》和席慕蓉《乡愁》的异同点。一方面考查学生对课文的把握，另一面考查学生对比分析的能力，通过对比，深化诗歌学习。而教师的提问就是一种引导，引导学生的思考方向。

---

[1]中华人民共和国教育部.义务教育语文课程标准（2011年版）［S］.北京：北京师范大学出版社，2018：3.

三、以教学过程评价巩固"诗教"作用

（一）收好课堂结尾，巩固学习内容

一堂好的语文教学课，必定有一个好的课堂收尾。好的结束环节可以帮助学生回忆整堂课所学知识，使之条理化；可以帮助学生根据学习目标进行简单的归纳，明确学习重点；能帮助学生对重要的事实、概念、规律进行总结、深化和提高；能帮助学生对所学内容进行拓展延伸，启发思维；能提升学生的认识，陶冶情操。[1]"诗教"实施尤其需要在深入剖析诗歌后，对诗歌进行全面的总结，巩固学生诗歌学习重点，进一步升华学生情感，陶冶学生情操。

1. 以"意象"归纳诗歌内容

教师总结教学内容，可借助板书设计，回顾当堂教学重难点，为学生建构知识框架，强化学习内容。如诗歌《乡愁》的总结。

师：同学们，咱们跟着板书一起回顾一下，本节课咱们学习了哪些内容呢？

乡　愁

余光中

小时候——邮票——思乡

长大后——船票——怀亲

---

[1] 张学凯，刘丽丽. 语文课程教师专业技能训练［M］. 北京：北京大学出版社，2017：82.

后来——坟墓——怀亲

现在——海峡——爱国

余光中的《乡愁》，按照时间发展顺序，分别写了小时候思念家乡，长大后思念家人，后来思念亲人，而现在，盼望祖国统一，回到祖国母亲的怀抱。诗人用平凡的"邮票""船票""坟墓""海峡"等意象，表现了不同时期的家国情怀。

值得注意的是，诗歌不同于其他体裁的文本，诗歌的情感是诗歌教学的重点。简单的总结对学生学习强化不一定够，在诗歌教学的最后一起朗读诗歌，品味诗歌语言，体味诗歌情感，有利于增强学生的感悟。因此，通常诗歌教学以总结所学内容+朗读的方式结束课程教学，既能帮助学生简单回顾所学内容，又能加深学生的情感体验。

2.仿写和背诵

仿写即模仿指定的内容。虽然仿写和背诵主要在课后完成，但教师需要在课堂结尾时引导学生如何仿写。例如《乡愁》，根据诗歌结构仿写：小时候，乡愁是……；长大后，乡愁是……；后来，乡愁是……；现在，乡愁是……。或者用其他名词替换乡愁。例如《你是人间的四月天》，根据诗歌的多重仿写：我说你是人间的四月天……你是……你是……仿写考验学生对诗歌结构、修辞手法、表达方法的掌握情况，激发学生创作诗歌的兴趣。背诵，主要是加强学生对现当代诗歌的积累量，在反复朗读背诵中逐渐领悟新的情感。

3. 积累和拓展

积累是学生学习的重要过程，是拓展延伸的基础。拓展延伸是部编版教材基于其他版本的变化之一，教师可以利用拓展延伸结束诗歌学习，拓宽学生的视野，为培养学生学习诗歌的兴趣提供渠道。《义务教育语文课程标准（2011版）》提出："要重视培养学生广泛的阅读兴趣，扩大阅读面，增加阅读量，提高阅读品位。"[1]教材选篇诗歌较少，课外阅读是增加学生诗歌阅读量的方式之一，也是学生对诗歌产生兴趣的重要途径。教师可以在课程结束时，介绍诗人其他的作品或其他诗人的优秀作品，引导学生课后阅读；也可以介绍相同题材的作品，对比阅读；对于节选诗歌，教师还可以让学生尝试阅读完整的诗歌，多角度拓宽学生诗歌阅读的视野，达到"诗教"目的。

4. 启发式结尾

启发式结尾是诗歌教学常用到的结尾方式之一。启发即开导指点或阐明事例，引起对方联想并有所感悟。本书启发式结尾，主要是启发学生通过诗歌的学习，上升到个人价值观的树立，影响其情感升华，这也是"诗教"的意义所在。教师在讲授爱国题材的诗歌时，要引导学生清楚认识我们现在拥有的幸福生活是源于祖国的富强，少年强，则中国强，我们和祖国同呼吸，共命运，要努力成为对社会、对国家有用的人。教师

---

[1]中华人民共和国教育部制定.义务教育语文课程标准（2011年版）[S].北京：北京师范大学出版社，2012：23.

在讲授亲情题材的诗歌时，要引导学生深刻理解我们能够走进校园，享受校园生活，应感谢父母替我们负重前行，将来我们也要用肩膀，为渐渐老去的父母撑起他们晚年的幸福。诸如此类，教师联系生活实际深化诗歌主题，达到"诗教"目的。

（二）教学评价，升华学生情感

由于现当代诗歌在教材中比例偏小，在阶段性测试中几乎未涉及，导致教师忽略了评价环节，没有对现当代诗歌的学习进行后续强化，在长期缺乏教学评价的情况下，学生学习诗歌的兴趣不够，以至"诗教"成果收效甚微。

现当代诗歌教学评价，主要以检查学生作业的完成情况为主，包括检查学生课后阅读、仿写、背诵情况等。教师评价学生课后阅读，用半节课左右的时间全班一起分享阅读体会，教师及时给予正面评价，以鼓励学生为主，激励学生进行课外阅读。教师评价仿写，可以为学生写批注，也可以举办一场诗歌创作大会，分享交流学生各自创作的诗歌，评选出写得较好的诗歌粘贴到黑板上，方便其他学生借鉴学习，激发学生的创作热情。教师可以通过背诵比赛评价学生的诗歌背诵情况，学生可以在反复的背诵中获得情感体验，享受诗歌学习带来的愉悦。

四、以多种方式总结反思"诗教"成效

总结与反思是每个教师课后的必备工作，也是教师由教学型走向研究型的必备环节。因此，做好相关的教学总结反思，

形成文本，留存材料，是教师形成个人教学风格的基础，为成为研究型教师提供支撑。如何总结反思，如何用好总结反思，是教师需要学习的基本技能。

（一）教师总结反思

1.自我教学总结

教师认真备课并上完一节课过后，往往会有很多感受。因为，备课前的构思和实际的教学常常会有一定的差距，并且在不同的班级上课的感受也不一致。因此，教师常常需要自我总结。首先，根据教案设计情况，通过课堂教学，检查教案设计是否存在不合理的地方，教学实际是否达到教学设计目标。反思造成教学预期和实际教学效果差距的原因，如客观原因，本次诗歌意象较难，学生在教师引导的基础上，仍无法很好地理解；学生刚刚经过假期，或是强度运动，学习状态不佳等。主观原因，教师本身的引导是否精准，备课是否充分，对诗歌文本理解是否透彻等。另外，本节课的亮点也需要总结，以便形成个人教学特色。

2.作业反馈

本课题研究的学校老师常以课后作业作为检查本次教学成果的依据。尽管诗歌的教学成果大多时候体现在情感熏陶上，需要教师长期观察，但形式上的"韵味"和"兴味"还需具体检查，因为这关系到学生创作诗歌的技能学习，直接影响着学生鉴赏课外诗歌的能力。因此，作业也是教学成果反馈的体现。通常，诗歌的配套作业分为两大板块，包括基础题和拓展提升题。基础题主要为课内知识，是反映课堂教学成果最直接的形式；拓展提升通常会选取一篇结构或情感差不多的诗歌进行赏析，考查学生举一反三的能力。两个板块教师都应纳入教学总结。

以上两个方面的分析，可以制成简易表格，教师只需据表填写，节省时间成本。

表3-1 语文教师现当代诗歌教学总结反思表

课文名称		上课时间		上课班级	
教学结构					
教学目标					
教学方法					
学生听课状态					
学生作业反馈					
其他					
改进措施					

"其他"项主要针对新教师，新教师进入教学岗位，需要一定的磨合时间。例如，教学语言、教学技能、亲和力、与学生的沟通等方面值得总结反思。

（二）教师职业素养提升

1.关注时代，保持年轻心态

教师的职业主要是教书育人，从教师一生的教学看，其面对的教学对象具有不稳定性。通常，教师每三年会遇到一届新的学生，尽管初中生群体年龄都相似，但时代不同，学生的心理素质、性格特征就有所不同。例如，人们现在说的"80后""90后""00后"，每个年代有它的代际标签，尽管这些定义并不一定准确，但这背后却隐藏着每个年代人的心理特征和行为表现的差异。如果教师以自身的"不变"应学生的"万变"，加之初中生普遍存在逆反心理，教师和学生之间就会缺乏真诚的交流，从而产生障碍。而诗歌教学，最需要的就是教师与学生之间的情感交流。所以，教师还需关注时代发展，时刻保持年轻心态，试着以学生的视角看待世界。针对当下学生最喜欢的诗人、喜欢的诗歌类型，教师应尽量挖掘代际相同的诗人的诗歌，拉近学生与文本之间的时空距离、心理距离。

2. 教学相长，从教学中学习

《礼记·学记》提出："是故学然后知不足，教然后知困。知不足，然后能自反也；知困，然后能自强也。故曰教学相长也。"[1] 教师除参加相关的培训外，教学过程也是提升个人专业技能的有效方式之一。教师在进行一节课的教学时，常常能从学生的回答中，得到意想不到的答案。例如，诗歌教学常常需要教师引导学生通过想象进入诗歌意境，教师在教学中可能会受到教学经验形成的思维定式的影响，描绘的画面较为单一。初中生思维的活跃性决定了他们想象的诗歌意境别具一格，教师要善于向学生学习，善于从他们身上汲取新鲜的事物和认知，这就是教师和学生教学相长的过程。

---

[1] 陈澔注. 礼记 [M]. 上海：上海古籍出版社，2016：415.

第三节　学生初中语文现当代诗歌"诗教"学习策略

本部分根据学生现当代诗歌学习现状分析，结合目前学生的心理状态，从学生学习的角度，提出以下策略。

一、以问题导向做好课前预习

课前预习是学生获得第一感知的基础。做好课前预习，有利于个人减轻课堂学习的压力，并能迅速进入诗歌氛围，接受"诗教"熏陶。

（一）扫清阅读障碍

学生预习，首要目标也是基础目标就是扫清诗歌阅读障碍。现当代诗歌中许多诗句可能会打乱常规结构，造成阅读不够顺畅；生僻字的应用，造成认读上的困难。这就要求学生在阅读诗歌时，借助相关学习工具，扫清认读上的障碍。然后，根据阅读的语感，找准诗歌节奏，反复诵读，直到能够顺畅地朗读整首诗歌为止。有条件的同学，可借助网络资源，观看名家朗读的视频，跟着视频朗读，体会诗歌朗读时的抑扬顿挫，从朗读的语气、语调中，体会诗歌感情基调。

（二）初步感知诗歌内容

初步感知诗歌主要内容是学生预习的第二个目标，也是学生在扫清阅读障碍后，对文本形成的第一感知。主要表现在用

99

准确精练的语言描述诗歌所表达的主要内容，初步体会诗歌情感。学生在初步接触一首诗歌时，可以借助注释，用自己的语言理解诗意。再进一步结合初读时的感情基调，体会诗歌表达的主要情感。

（三）了解作者及创作背景

学生对现当代诗歌形成初步感知后，结合作者的生平及写作背景，进一步加深对诗歌创作情感的理解。学生在了解作者以及写作背景时，可从以下两个方面入手。

第一，从诗歌题材着手，有针对性地选取背景资料。若诗歌为爱国类题材，学生可结合诗歌创作年代，推算出时代背景，再分析作者的写作对象在时代背景下表达的时代精神、思想以及情感。若为友谊类题材，结合作者笔下的描写对象，找准两人之间友谊的定位，再根据诗歌具体传达的感情，弄清诗歌写作缘由。例如，戴望舒的《萧红墓畔口占》，从题目中可以直观地看到"萧红""墓畔"等写作对象，从中可知萧红已经离开人世。以此为切入点，理清萧红因何事离开人世，戴望舒和萧红是什么样的关系，为什么戴望舒会经六小时的长途去悼念萧红。通过不断的分析，就能基本感知创作背景。总之，诗歌是什么题材的内容，就应有针对性地分析诗歌背景。

第二，从作者写作风格入手。教材所选的现当代诗歌作品，作者都是在现当代诗歌史上具有一定地位的大家，在长期的写作中，他们形成了个人固有的写作风格或写作主题。学生初步感知诗歌时，若不能找准诗歌所传达的情感时，可借助此方法对诗歌进行定位。

（四）带着问题深入文本

基于以上预习，学生就可以深入文本，找准诗歌意象、表现手法、语言特色等。因为学生个人的语文素养有所不同，对诗歌的解读程度就不同，尤其是对理解意象背后所隐含的意蕴会有所不同。所以这个环节的目的不在于学生真正理解诗歌意象、表现手法、语言特色等，而在于学生能发现问题，再尝试解决问题，不能解决的问题先做好批注，以便于弄清个人在听课时需掌握的重点。发现问题的方法有多种，如阅读时的直觉，诗歌上下文的逻辑问题，意象以及表现手法的选用等。

以《沁园春·雪》为例，展示学生预习时的四个步骤。第一，借助字典等学习工具正确认读"莽""滔""裹""逊"等字。第二，诗歌上片描写北国壮丽的雪景，下片评论历史人物，肯定当代英雄，表达作者对未来充满希望的感情。第三，《沁园春·雪》为革命类抒情诗，创作于1936年2月，毛泽东率军渡河东征，途径陕北清涧县袁家沟时，正值大雪纷飞，于是便写下了这首诗歌。诗中信念来源于1935年红军长征胜利和当时革命事业蓬勃发展的态势。毛泽东写下了这首豪情万丈的诗篇，赞美祖国河山，对祖国未来充满希望。第四，该诗运用了比喻手法，将群山比作银蛇，高原比作白象，描绘出祖国江山的巍峨壮丽。"秦皇汉武""唐宗宋祖""成吉思汗"用典，展示了毛泽东的雄才大略以及中国发展的希望。最后，以当今风流人物与历史人物的对比引发思考。

二、发展个人注意提高课堂效率

学生个人注意的状态与课堂学习的效率直接相关，也直接影响着"诗教"的效果。

（一）促进个人注意的发展

注意分为"无意注意"和"有意注意"。无意注意对初中生的学习起着重要作用，很多经验或知识的获得全凭学生的兴趣，感兴趣的活动就愿意参加，并能保持注意很长时间。[1]根据问卷分析的结果，缺乏兴趣是学生当前学习现当代诗歌最大的障碍。学生在课前预习中产生的问题是学生学习诗歌的兴趣之一。解决问题的过程也是促进注意的过程。首先，学习老师分析诗歌的思路，从作者简介、创作背景、写作形式到写作内容，教师都会采用一定的思维结构贯穿于课堂教学，学生的学习要在预习的基础上，听清教师的上课思路。其次，查漏补缺。学生受个人经验、知识水平的限制，对诗歌的初步感知可能会存在一定的偏差，尤其是学生在解读诗歌意象时，可能会出现理解不到位、理解错误等情况。此时，学生需要从老师的讲解中、小组之间的合作探究中，及时更正不当的认识和理解，同时也可以就该偏差提出疑问。最后，对当堂课的学习进行总结和梳理。

初中生，尤其是刚步入初一年级的学生，"无意注意"占据成分较大。紧抓预习中的质疑是促进注意发展有效进行

---

[1] 张清，刘蕾. 青少年发展与教育心理学 [M]. 北京：北京大学出版社，2017：83.

课堂学习的一大关键。初一到初三，学生随着年级的升高和年龄的增长，有意注意得到迅速发展，他们的学习、活动的目的性、计划性和自觉性日趋提高，能够有意识地调节和控制自己的注意。[1] 根据教材的分析结果，现当代诗歌主要集中在初三年级。初一年级无意注意的学习，了解了现当代诗歌的体裁、意象、表达方法等，为初三年级有意注意的学习打下了一定的基础。初三学生在学习诗歌时，首先应明确学习目标。这个目标包括基础目标和提升目标，基础目标包括诗歌学习的基本内容，提升目标包括诗歌教化的功能。初三年级诗歌选篇分为"家国情怀"和"个人成长"两大主题，学生需体会诗歌主题中作者表达的情感。其次，联系生活实际，转化学习内容。"诗言情"是诗人诗歌情感的体现，初中生的个人阅历有限，通过诗歌学习领悟诗人情感，由此转化为个人内在的情感，提升个人情操修养。

（二）注重听课技巧

基于注意发展的引导，学生在课堂学习中，要有目的、有计划地学习，这既是学生学习心理的准备过程，也是学生学习诗歌的既定方向。而在课堂的具体学习中，还需要多种学习方式的配合。

1. 做好笔记

语文作为一门语言文字学科，需要一定的语言积累，而

---

[1] 张清，刘蕾主编.青少年发展与教育心理学［M］.北京：北京大学出版社，2017：83-84.

诗歌作为一种精练抒情的语言文体，更需要学生对其基础知识点、难点做好笔记。做笔记一方面是为了加强个人记忆，另一方面是为了方便复习。现当代诗歌的学习重点就是品尽诗歌的"情味、意味、兴味、韵味"，同时还有作者简介这类常识性知识点。学生在做笔记时，择类而记，在预习时知晓的知识点，如作者简介、创作背景等不用再做笔记。重点记述教师的上课思路、诗歌鉴赏的切入点。例如"假如我是一只鸟"，以拟人化的"一只鸟"来表达情感，鉴赏可以由此切入；或者从主旨句"为什么我的眼里常含泪水？因为我对这土地爱得深沉"切入直奔主题。教师的提问往往是分析诗歌思维方式的体现，学生可以记录教师提问的方式，思考的维度，方便以后预习时找准关键问题。

2. 善于思考

孔子曰："学而不思则罔，思而不学则殆。"[1]学思结合是必不可少的学习方法。诗歌作为一种意境丰富的文体需要思考，学思结合是为了更好地体会诗歌情感，从而转化为个人内在的人生感悟。学生在课堂学习时，可根据老师的提问进行思考，思考老师的教学思路和自己预习时的异同点，并明确哪一种方式更好。学生不仅要思考，还要对思考的内容与老师或同学进行交流，并敢于提出新的学习思路。例如，《你是人间的四月天——一句爱的赞颂》的写作对象，有的人认为是林徽因

---

[1] 金良年. 论语译注 [M]. 上海：上海古籍出版社，2012：13.

的儿子，有的人认为是徐志摩，或者两者皆有，同学们可以结合林徽因的生平以及诗歌创作背景，思考写作对象是谁，并查找相关的佐证材料。像这种没有定论的思考，重在学生的思考过程，以及对诗歌内容和创作背景的深入挖掘。

三、及时巩固、拓宽"诗教"育人环境

课后巩固是学生学习的重要环节之一，及时的课后巩固，有利于学生对本堂课的知识点进行总结，强化记忆，有利于学生转化学习内容，提高学生诗歌鉴赏水平。

（一）及时总结

教材现当代诗歌选篇具有一定的社会意义，学生充分体会其社会意义，需要学生对诗歌情感反复咀嚼。课堂教学帮助学生理解诗歌的创作形式以及创作内容，帮助学生将诗歌情感转化为个人的内在品质，学生应以课堂诗歌教学的"途径"为着力点，课后不断总结与加深理解。

学生对诗歌的总结可以从以下几个方面着手。

第一，整理笔记。整理诗歌学习笔记，积累文学常识，为个人鉴赏其他诗歌打下基础。学生可以在笔记本上以表格形式记录诗歌名称、作者、创作时间、主题、意象及意象内涵、表现手法及作用、修辞手法及作用；添加备注栏，在经过一段时间的诗歌学习后再进行总结。学生对诗歌的学习不仅限于课本，还要学习课本之外的其他诗歌作品。学生通过表格的形式，简单地归纳诗歌的基础知识，久而久之就会消除对诗歌的

陌生感，能够更准确地欣赏其他诗歌，提高诗歌鉴赏水平，从而真正体现"诗教"作用。

表3-2　笔记整理

诗歌名称	作者	创作时间	主题	意象及内涵	表现手法	修辞手法	备注

第二，总结诗歌鉴赏思路。结合老师的教学思路和个人学习思路，对不同题材、不同内容的诗歌进行对比总结，形成个人对诗歌学习的经验。例如，抓诗歌意象、抓主旨句、抓写作背景，等等。初中阶段相较于小学阶段，学生观察目的更为明确、时间更久、内容更精细、角度更广泛，并且初二以后其思维的批判性得到了显著的提高，喜欢独立地寻求和争论各种事物各种现象的原因和规律。[1]学生应抓住此阶段感知力和批判思维的变化，快速促进个人成长，从而促使诗教较快地体现于个人生命历程中。

（二）背诵巩固

背诵，需要反复地朗读，朗读是背诵的前提。学生经过预习和课堂学习，对诗歌已有了较为深入的理解。学生基于此再次诵读诗歌，进而背诵诗歌，能为长期发挥"诗教"作用做铺垫。另外，让学生深入理解后反复背诵，有利于将当堂领悟的诗歌情感内化为个人的情感经验，即时达到"诗教"效果。因此，学生课后及时背诵现当代诗歌是极其重要的环节，不可忽视。

---

[1]张清，刘蕾.青少年发展与教育心理学［M］.北京：北京大学出版社，2017：84-87.

第四节　学校、社会应形成"诗教"的合力

学校和社会能够充分利用现有资源，保障课堂教学顺利进行，同时能够配合教学内容，营造良好的"诗教"环境，形成共同促进学生发展的"诗教"合力。

一、学校应营造良好的"诗教"氛围

教师是课堂的引导者，学生是课堂的主体，而学校则是课堂教学顺利进行的外在环境，学校应充分配合课程教学，合理配备资源，为教师、学生和家庭搭建"诗教"的桥梁。

（一）充分利用学校资源

根据教师教情分析和学生学情分析发现，师生双方都认为，现当代诗歌教学缺乏诗歌学习氛围和相关的诗歌活动。尽管现在全国中小学倡导诗词进校园，但更多的是加强了对古代诗歌的重视，忽视了现当代诗歌的学习。同时，过多的校级活动太过耗费人力，不利于学生学习的开展。针对种种问题，结合校园文化，笔者认为可以从以下几个方面充分利用学校资源，为学生创设诗歌学习氛围。

首先，充分利用好学校固有的活动，拓展其活动形式。每所学校都有独具特色的校园文化和固定的活动形式，充分利用好这些原有的活动，从常规处渗透"诗教"。例如，学校每周一早上有"国旗下讲话"活动，尽管每周演讲主题有所变

化，但演讲形式单一，长此以往，一项有意义的活动就丧失了激情。基于此，学生在对演讲稿进行创作时，可以以阐述＋诗歌朗诵的形式进行，阐述个人对诗歌的理解。诗歌可以是个人创作经老师修改后的作品，也可以是自行查找的符合主题的诗歌。从演讲者的角度，查找资料，创作演讲稿时，是对诗歌的一次理解，演讲时，又是一次更深入地理解；对听众来说，朗诵更能激发共鸣，充分实现"国旗下讲话"的教育意义；从"诗教"的角度看，为学生和教师提供了展示现当代诗歌魅力的平台。

其次，充分利用好学校的各类场所。学校的张贴栏和校园广播是学校最具影响力的平台，学校充分利用好这两个平台，有利于"诗教"文化的渗透。学校可以通过张贴栏这个平台展示师生的优秀诗歌作品，激发教师和学生的创作兴趣。学校的校园广播也可以开设诗歌朗读专栏供师生投稿。这有利于让教师和学生随时能够感受现当代诗歌文化的氛围。

最后，除学校应为师生提供展示平台外，还应帮助教师和学生亲自体验诗歌文化，获取创作灵感。艺术来源于生活，"诗教"往往需要学生的生活共鸣，才能发挥最佳的效果。但大多数学生往往缺乏实际操作经验。每个学校都有"绿色文化"，在不影响校园整体绿化设计的前提下，学校可以将校园"绿色文化"的维护分配到每个班级，让教师和学生合作设计心目中的校园一角，可以种瓜果蔬菜，可种花草树木，亲自感受不一样的生活。这种方式不仅使师生在劳动中得到了生活认同感，也通过劳动教育为学校实施"诗教"提供了育人实践的场域。

（二）搭建家校沟通平台

家校合作是近年来教育界的热门话题，"诗教"的实施也需要家庭的配合。"诗教"不似其他课程，学生能够在课堂掌握90%甚至100%的知识点。诗歌教化有较长的延展性，它不仅需要学生弄清诗歌的基本知识点，更需要学生能够获得情感体验并内化为个人品质。这就要求学生除了通过课堂把握"诗教"途径，还需要学生结合生活实际，加强领悟，而学生的生活多围绕家庭生活展开。

学校可以举行"月末家庭讲堂活动"。活动内容为专家讲座、亲子活动等，每个月举行一次。青春期的孩子需要爱和包容，请专家做讲座主要为父母提供行之有效的教育方法，学会在生活中如何与孩子相处，如何引导孩子成长。亲子活动主要为拉近父母与孩子的距离。这都围绕着一个主题展开——促进孩子的情感体验。一旦孩子在情感上成熟，就会自动约束自身的行为。孩子在学校接受"诗教"熏陶，在家中则由家长带领孩子丰富实践体验，增强孩子对诗歌的理解。例如，带孩子体验农村生活，带领孩子进行户外活动，带领孩子领略革命文化等。教材现当代诗歌选篇多涉及革命文化，孩子通过书本学习与实践感悟相结合，能够增强"诗教"作用。

二、社会应形成"诗教"育人的共识

社会资源主要指现当代诗歌协会或某平台举办的与诗歌

有关的主题活动。诗歌协会可以进入校园，为学生普及诗歌文化，包括当代新诗发展趋势讲座或者分享优秀诗人的优秀诗歌。主题活动可以为学生提供交流诗歌的平台，或以比赛的方式进行，或以分享的方式进行，主要目的在于为学生创造现当代诗歌的学习氛围，让学生能够时刻领略现当代诗歌文化。每个地方都各具特色，当地社会组织可根据当地特色举办诗歌大赛，每年更换主题，或以诗歌创作，或以诗歌朗诵的方式进行，让诗歌大赛为地方特色文化增加亮点。

综合学校和社会资源辅助，主要是为了帮助学生营造现当代诗歌的学习氛围，提供相应的活动平台，传播现当代诗歌人文精神，让学生从课内"小课堂"延展到课外"大课堂"，在实际生活中巩固"诗教"效果。

第四章　高中语文现当代诗歌"诗教"现状分析

本书选定贵州省铜仁市某高中作为"诗教"研究对象，对该校高中语文教材（人教版）、学生学习情况以及教师教学情况三个方面展开调研，分析该校高中语文现当代诗歌教学现状，找出存在的问题，为下一章的策略研究提供现实依据。

第一节　教材选篇情况分析

本节对我国目前使用较为广泛、具有一定代表性的三个教材版本：人教版、苏教版、语文版进行对比，分析人教版高中语文现当代诗歌选篇的优点和存在的不足。

一、人教版选篇情况分析

人教版高中语文现当代诗歌选篇分为选修和必修两个部分，具体情况如下。

（一）必修部分

表4-1　人教版高中语文现当代诗歌选篇情况（必修）

课文名称	作者	国别	创作年代
《沁园春·长沙》	毛泽东	中国	1925年
《雨巷》	戴望舒	中国	1927年
《再别康桥》	徐志摩	中国	1928年
《大堰河——我的保姆》	艾青	中国	1933年

人教版高中语文必修课本现当代诗歌一共4篇，编排在必修一的第一单元。从数量上看，选篇数量过少，这会影响到学生接触更多的优秀诗歌文本；从范围上看，选篇多是名家经典之作，有利于学生接触优秀的现当代诗歌作品。但中国新诗史上还有很多优秀的诗歌作品，受数量的限制，没能入选语文必修教材，这使必修教材的诗歌选篇范围有限；从时代性上看，必修教材中的4首诗歌都是20世纪二三十年代的作品，新中国成立以后的优秀诗歌鲜有选入，选篇没能体现鲜明的时代性，在一定程度上会影响到学生的学习兴趣和教师的教研兴趣。

（二）选修部分

选修部分现当代诗歌，分布在《中国现代诗歌散文欣赏》和《外国诗歌散文欣赏》的诗歌部分，具体情况如下表。

1.中国现当代诗歌部分

表4-2　人教版高中语文中国现代诗歌选篇情况（选修）

单元主题	课文名称	作者	阅读形式	创作年代
第一单元：生命的律动	《天狗》	郭沫若	精读	1920
	《井》	杜运燮	略读	1944

续表

单元主题	课文名称	作者	阅读形式	创作年代
第一单元： 生命的律动	《春》	穆旦	略读	1942
	《无题》	邹荻帆	略读	1948
	《川江号子》	蔡其矫	略读	1958
第二单元： 挚情的呼唤	《贺新郎》	毛泽东	精读	1923
	《也许——葬歌》	闻一多	略读	1926
	《一个小农家的暮》	刘半农	略读	1921
	《秧歌——给暖暖》	痖弦	略读	1957
	《妈妈》	江非	略读	2004
第三单元： 爱的心语	《蛇》	冯至	精读	1926
	《预言》	何其芳	略读	1931
	《窗》	陈敬容	略读	1939
	《你的名字》	纪弦	略读	1952
	《神女峰》	舒婷	略读	1981
第四单元： 大地的歌吟	《河床》	昌耀	精读	1994
	《金黄的稻束》	郑敏	略读	不详
	《地之子》	李广田	略读	1933
	《半棵树》	牛汉	略读	1972
	《边界望乡》	洛夫	略读	1979
第五单元： 苦难的琴音	《雪落在中国的土地上》	艾青	精读	1937
	《老马》	臧克家	略读	1932
	《憎恨》	绿原	略读	1941
	《这是四点零八分的北京》	食指	略读	1968
	《雪白的墙》	梁小斌	略读	1980

从数量上看，中国现当代诗歌共25篇，选篇数量充足，既满足了义务教育基础性的要求，又为不同需求的学生提供了广阔的学习空间，这符合人教版高中语文教材的设计思路；从范围上看，所选取的诗歌都是在新诗史上具有一定代表性的作品，还选取了当代一些青年作家的优秀作品。阅读方式上，每一个单元分为1篇精读和4篇略读，详略得当；从时代性上看，篇目主题与学生的内心世界比较贴近，诗歌选篇大多体现了语言美、情感美、内涵美的特点，对学生心灵的陶冶、人文素养的提升有着不可替代的作用，有利于充分发挥现当代诗歌的"诗教"作用。

2. 外国诗歌部分

表4-3　人教版高中语文外国诗歌选篇情况（选修）

单元主题	课文名称	作者	阅读形式	国别
第一单元：诗歌是跳舞，散文是散步	《老虎》	布莱克	讲读	英国
	《秋歌》	魏尔伦	讲读	法国
	《三棵树》	米斯特拉尔	讲读	智利
	《我自己的歌（之一）》	惠特曼	自主阅读	美国
	《严重的时刻》	里尔克	自主阅读	奥地利
	《黑马》	布罗茨基	自主阅读	俄罗斯
第二单元：自然而然的情感流露	《故乡》	荷尔德林	讲读	德国
	《西风颂》	雪莱	讲读	英国
	《当你老了》	叶芝	讲读	爱尔兰
	《秋颂》	济慈	自主阅读	英国

续表

单元主题	课文名称	作者	阅读形式	国别
第二单元：自然而然的情感流露	《不是死，是爱》	勃朗宁夫人	自主阅读	英国
	《狗之歌》	叶赛宁	自主阅读	俄罗斯
第三单元：像闻玫瑰花一样闻到思想	《漫游者的夜歌》	歌德	讲读	德国
	《石榴》	瓦雷里	讲读	法国
	《雪夜林边驻脚》	弗罗斯特	讲读	美国
	《鲁拜六十六首（节选）》	海亚姆	自主阅读	伊朗
	《丁园集（节选）》	泰戈尔	自主阅读	印度
	《你无法扑灭一种火》	狄金森	自主阅读	美国
第四单元：寻找文字的炼金术	《应和》	波德莱尔	讲读	法国
	《刘彻》	庞德	讲读	美国
	《窗前晨景》	艾略特	讲读	英国
	《元音》	兰波	自主阅读	法国
	《朦胧中所见的生活》	帕斯	自主阅读	墨西哥
	《恋人》	艾吕雅	自主阅读	法国

从数量上看，选篇一共4个单元，24篇外国诗歌作品，基本能够满足学生对外国诗歌作品的了解和学习；从范围上看，选篇内容丰富、内涵深刻、想象奇特，对于培养学生的理解力和想象力十分有利。一些国外具有代表性的诗歌作品都有选篇，有利于学生更好地了解各国的地域文化，开阔学生视野；从阅读方式上看，每个单元分为讲读和自主阅读，详略得当。

（三）教材选篇评价

由此可见，高中语文人教版必修部分，现当代诗歌选篇存在以下不足：①选篇数量偏少，使学生难以接受大量的优秀诗歌的熏陶；②选篇范围有限，难以兼顾很多优秀诗人的作品；③选篇时代性不足，贴近时代的优秀作品很少。

人教版选修部分，中国现当代诗歌选篇数量充足、内容充实、范围较广、时代性特征较强。外国诗歌选篇代表性、地域性广泛，有利于学生了解世界文化，开阔学生眼界，教材编排较为合理。

但在实际教学过程中，受应试教育的影响，现当代诗歌教学并没有落到实处。高考对现当代诗歌内容的考查甚少，而且现当代诗歌作品主要集中在选修部分，这导致部分教师对现当代诗歌的教学不够重视。加上学生繁重的学习压力，更是无暇顾及选修部分的现当代诗歌学习，使现当代诗歌"诗教"教学陷入尴尬的境地。

二、人教版与其他版本对比分析

此处通过人教版与苏教版、语文版两个版本进行对比，进一步分析人教版高中语文现当代诗歌选篇情况的优劣。

（一）人教版与苏教版对比分析

苏教版高中语文现当代诗歌选篇分为必修和选修两部分，具体选篇情况如下。

1. 必修部分

表4-4　苏教版高中语文现当代诗歌选篇情况（必修）

课文名称	作者	国别	创作年代
《沁园春·长沙》	毛泽东	中国	1925 年
《相信未来》	食指	中国	1968 年
《六月，我们看海去》	潘洗尘	中国	1983 年
《致橡树》	舒婷	中国	1977 年
《面朝大海，春暖花开》	海子	中国	1989 年
《回旋舞》	保尔·福尔	法国	不详
《雨巷》	戴望舒	中国	1927 年
《断章》	卞之琳	中国	1935 年
《错误》	郑愁予	中国	1954 年

从数量上看，苏教版必修教材一共选择了9篇现当代诗歌，选篇数量相对适中，且集中分布在必修一的前三个单元。从范围上看，一共选篇8首中国现当代诗歌，1首外国诗歌，选篇强调审美性、抒发个人情感，而且还有哲理性诗歌，主题丰富多样，选材广泛；从时代性上看，9篇作品中有5篇当代诗歌作品，贴近时代。

相比较而言，人教版在数量上明显比苏教版少，这体现了人教版现当代诗歌选篇数量的不足；从编排顺序上看，人教版和苏教版现当代诗歌都集中分布在必修一的最前面单元，考虑到了现当代诗歌的文体特点，更容易被学生理解接受，这体现了教材选篇的合理性；从选篇范围上看，人教版选篇范围有限；从思想主题上看，人教版选篇以抒发家国情怀为主，而苏教版选篇以审美为主要尺度，也有抒发个人情感的诗作，以及哲理性诗歌，这反映了人教版选篇主题相对单一的不足。

2.选修部分

表4-5　苏教版高中语文《现代诗歌选读》选篇情况（选修）

	选篇数量（篇）	课文总数量（篇）	课文占比%
中国现代诗歌	25	40	62.5
外国现代诗歌	15	40	37.5

从选篇数量上，《现代诗歌选读》一共40篇作品，中国现代诗歌25篇，外国现代诗歌15篇。数量上较为充足；从选篇占比上，中国现代诗歌占比62.5%，外国现代诗歌占比37.5%。中国现代诗歌占比明显高于外国现代诗歌，体现了教材具有民族性的特征。

从选篇数量上看，人教版中国现当代诗歌共49篇，比苏教版40篇稍多；从选篇范围上看，人教版选篇主要是现代诗歌作品，苏教版主要是当代诗歌作品，苏教版选篇更具有时代性。

（二）人教版与语文版选篇情况对比分析

语文版高中语文教材现当代诗歌分为必修和选修两个部分。必修部分，集中分布在必修一第二单元和必修五第二单元；选修部分，集中在专题《中外现代诗歌欣赏》中，具体分析如下。

1.必修部分

表4-6　语文版高中语文现当代诗歌选篇情况（必修）

课文名称	作者	国别	创作年代
《死水》	闻一多	中国	1925 年
《再别康桥》	徐志摩	中国	1928 年
《雨巷》	戴望舒	中国	1927 年
《寂寞》	卞之琳	中国	不详
《春》	穆旦	中国	1942 年
《你说，你最爱这原野里》	冯至	中国	不详
《我遥望》	曾卓	中国	1981 年
《面朝大海，春暖花开》	海子	中国	1989 年
《送娘曲》	歌德	德国	/
《我独自漫游，犹如一朵云》	华兹华斯	英国	/
《帆》	莱蒙托夫	俄罗斯	/
《信天翁》	波德莱尔	法国	/
《豹》	里尔克	奥地利	/
《老虎》	威廉·布莱克	英国	/
《诞生》	詹姆斯·迪基	美国	/
《蛇》	玛丽·奥利弗	美国	/

从数量上看，语文版必修选篇8首中国现当代诗歌，8首外国诗歌，共16篇，而人教版只有4篇；从编排顺序上，二者都将现当代诗歌安排在必修一前面部分，编排科学合理；从范围上看，人教版选篇4篇中国现代诗歌，语文版中外诗歌均有选入；从时代性上看，人教版4篇诗歌均为现代诗歌，而语文版现当代诗歌都有。

2. 选修部分

表4-7 语文版高中语文《中外现代诗歌欣赏》选篇情况（选修）

	选篇数量（篇）	课文总数量（篇）	课文占比％
中国现代诗歌	28	54	52
外国现代诗歌	26	54	48

从数量上看，语文版高中语文选修教材中的现当代诗歌部分，总共54篇，中外诗歌数量相当。从范围上看，语文版选修中诗歌是以中外现代诗歌为主。与语文版对比，人教版选修和语文版选修现当代诗歌篇目相当，较为合理。

综上所述，通过人教版与其他两个版本对比发现。人教版必修教材，虽然选篇的4首现当代诗歌都是经典之作，但是数量偏少，选篇范围比较有限，选篇时代性相对不足，选篇主题相对单一；人教版选修教材，现当代诗歌选篇无论是在数量、范围，还是时代性、主题多样性上都编排得较为科学合理。

第二节　学生学情调查分析

本节采用问卷调查的方式，对铜仁市某高中的学生样本结构、学习兴趣和动机、学习内容和方法、学习效果和思考四个方面展开调查，具体情况如下。

一、学生样本结构

表4-8 铜仁市某高中学生人数统计表

类别\年级	高一		高二		高三	
	班数	人数	班数	人数	班数	人数
实验班	5	270	5	267	4	219
普通班	34 (含3个国际班)	2043	32 (含2个国际班)	1917	32	2064
共计	39	2313	37	2184	36	2283

结合上表可以看出，问卷采取随机抽样调查的方式，每个班级发放20份调查问卷。高一年级共2313人，39个班，随机抽查了18个班，含2个实验班，抽取有效样本332个；高二年级共2184人，37个班。随机抽查了18个班，含2个实验班，抽取有效样本306个；高三年级共2283人，36个班。随机抽查了18个班，含2个实验班，抽取有效样本283个。从样本分布比例上看，各年级学生样本占年级总人数一定比例，且不同层次的班级都有抽样，从而保证调查结果具有一定的客观性和可靠性。

二、学习兴趣和动机

表4-9 现当代诗歌学习兴趣和动机调查统计表

题1：你是否喜欢现当代诗歌？			
选项	A. 非常喜欢	B. 比较喜欢	C. 一般	D. 不太喜欢
比率	5.4%	46.4%	40.7%	7.5%

续表

题2：你会主动学习选修教材中的现当代诗歌吗？			
选项	A. 挑重点学习	B. 基本上都学	C. 偶尔学习	D. 几乎不学习
比率	12.6%	3.4%	40.5%	43.5%

题3：你学习现当代诗歌主要是为了？（多选）			
选项	A. 提升语文素养	B. 考试得高分	C. 陶冶情操	D. 个人消遣
比率	28.6%	33.7%	34.0%	10.2%

调查分析：从学生的学习兴趣方面看，非常喜欢现当代诗歌的占5.4%，比较喜欢的占46.4%，还有将近一半的学生对其学习兴趣不够。对于选修教材的学习，挑重点学习的占12.6%，基本上都学的占3.4%，这反映了大多数学生主动学习选修教材的主动性不够。从学习动机方面看，学习现当代诗歌的主要目的四项选项中，为了考试得高分的占33.7%，所占比重最大，这反映出受应试压力的影响，部分学生学习动机的应试化倾向。

三、学习内容和方法

表4-10　现当代诗歌学习内容和方法调查统计表

题4：你鉴赏现当代诗歌从哪几个方面入手？（多选）			
选项	A. 创作背景	B. 诗歌语言	C. 诗歌情感	D. 表现手法
比率	61.4%	69.0%	88.9%	38.9%

题5：你学习现当代诗歌的主要方式是？			
选项	A. 老师讲，自己听	B. 师生互动交流	C. 自主学习	D. 同学相互交流
比率	45.7%	32.3%	5.7%	16.3%

续表

题6：你会经常诵读现当代诗歌吗？			
选项	A. 经常会	B. 有时会	C. 很少	D. 基本不会
比率	32.5%	51.2%	10.3%	6.0%

题7：对于现当代诗歌中的角色扮演活动，你会积极参加吗？			
选项	A. 经常	B. 有时	C. 很少	D. 从不
比率	15.1%	29.8%	28.6%	26.5%

题8：你平时会进行一些现当代诗歌创作吗？			
选项	A. 经常	B. 有时	C. 很少	D. 从不
比率	29.5%	11.2%	22.6%	36.7%

　　调查分析：学生对于学习内容的把握方面，对于诗歌创作背景、语言、情感及表现手法的四个方面都有涉及，但是唯独对表现手法的关注度不够，这反映了部分学生对于现当代诗歌鉴赏的基本内容把握还是不够全面。

　　学生的学习方法方面，45.7%是课堂上老师讲、学生听，32.3%是师生互动交流，5.7%是自主学习，16.3%是相互交流，大部分学生还是习惯于"满堂灌"的传统学习模式，学生自主学习和交流讨论的时间过短，这不利于培养学生的自学能力和创新能力。对于诗歌朗诵，32.5%的学生会经常朗诵，51.2%的学生有时会，10.3%的学生很少，6%的学生基本不会，这反映了有少部分学生忽视了诗歌朗诵的重要性。对于现当代诗歌中的角色扮演，有15.1%的学生积极参加，29.8%的学生有时参加，28.6%的学生很少参加，26.5%的学生从不参加，这反映了有少部分学生学习方法过于单一。对于诗歌创作，29.5%的学生会经常创作现当代诗歌，11.2%的学生有时创作，22.6%的学生很少创作，还有36.7%的学生从不创作，这反映出大多数学生对现当代诗歌创作的重视度不够。

四、学习效果和思考

表4-11　现当代诗歌学习效果调查统计表

题9：在学习现当代诗歌时，你会产生联想吗？			
选项	A. 经常产生	B. 很少产生	C. 自己读时会	D. 老师讲时会
比率	40.4%	29.2%	15.4%	15.0%

题10：鉴赏现当代诗歌，你会产生情感的共鸣吗？			
选项	A. 经常	B. 有时	C. 很少	D. 没有
比率	15.7%	31.4%	47.8%	5.1%

题11：你们班上学习现当代诗歌的课堂气氛如何？			
选项	A. 充满活力	B. 紧张严肃	C. 平淡安静	D. 沉闷
比率	24.9%	10.2%	37.7%	27.2%

题12：你会背诵多少篇现当代诗歌？			
选项	A.0～3	B.4～6	C.7～10	D.>10
比率	35.2%	38.9%	12.3%	13.6%

调查分析：学习效果方面，当问学生会在现当代诗歌课堂上产生联想吗？40.4%的学生选择经常会，29.2%的学生有时会，15.4%的学生自己阅读的时候会，15%的学生在老师朗诵的

时候会，这反映了从整体上学生学习现当代诗歌的效果不错，产生联想是学生思维发散的表现，有利于培养学生的想象力，这有助于发挥现当代诗歌的"诗教"价值。情感共鸣方面，15.7%的学生在鉴赏诗歌时会产生情感的共鸣，31.4%的学生有时会，47.8%的学生很少会，5.1%的学生没有产生过，情感是诗歌的重要特征，这反映出大部分学生接受现当代诗歌情感的熏陶效果不佳。关于课堂氛围，24.9%的学生表示现当代诗歌的课堂气氛充满活力，10.2%的学生认为气氛紧张严肃，37.7%的学生认为气氛平淡安静，27.2%的学生认为气氛沉闷，这反映出一部分教师的课堂气氛沉闷，对学生的学习效果有所影响。

学习思考调查：本部分采用开放式的题型设计了两个问题，"13.你认为高考应该考查现当代诗歌部分吗？请简要说明理由。""14.你对学习现当代诗歌有什么建议？请简要谈谈。"

问题13调查分析：约三分之二的学生认为高考应该考查现当代诗歌的内容，他们给出了不同的理由，有的认为现当代诗歌与我们的生活更加贴近，更容易被我们所理解；有的认为学习现当代诗歌可以提升语文素养，陶冶情操；有的认为有利于文化的传承，等等。学生们所给的答案多种多样、角度新颖，充分认识到了现当代诗歌"诗教"的作用。也有少部分同学认为高考不应该考查，有的学生无法体会作者的思想感情，理解困难；有的同学认为不好背诵，这反映出一部分学生对学习现当代诗歌的畏难情绪。

问题14调查分析：对于学习现当代诗歌的建议，有的学生希望诗歌能更加贴近生活，引起我们的思考；有的学生认为要鼓励创作，自主学习；有的学生认为要培养对现当代诗歌的学习兴趣；有的学生认为要日积月累，多加思考，等等，在这里无法一一列举。学生们提出的很多建议富有创建性，这反映了学生的思维活跃。作为研究者，我们应该聆听学生想法，听取学生建议，才能够提出更加科学有效的现当代诗歌"诗教"策略。

第三节　教师教情调查分析

该校高一年级语文组共24位教师，高二年级共18位教师，高三年级共18位教师。研究者对三个年级的语文教师进行抽样调查，每个年级分别发放10份调查问卷，一共发放30份问卷，回收有效问卷共24份。问卷围绕"高中语文现当代诗歌的'诗教'研究"这一主题，分别从教学认知和目的、教学过程和方法、教学评价和思考三个方面进行调查研究。由于教师问卷分数较少，这里没有采用统计分析的方法计算出每个选项的比率，只是根据大致的情况加以分析。

一、教学认知和目的

表4-12 教学认知与目的调查统计表

题1：你认为有必要加强现当代诗歌教学吗？			
选项	A.非常必要	B.有必要	C.比较必要	D.没有必要

题2：您会用古典诗歌的教学方法教学现当代诗歌吗？			
选项	A.经常	B.偶尔	C.很少	D.从不

题3：您教授现当代诗歌面临的主要困惑是？			
选项	A.学生兴趣不大	B.高考压力影响教学	C.学生知识面狭窄	D.课时分配不够

题4：你认为现当代诗歌的教学价值体现在？（多选）			
选项	A.提升语文素养	B.继承和弘扬优秀文化	C.提高审美能力，陶冶性情	D.考试需要

调查分析：教学认知方面，在现当代诗歌教学的必要性问题上，绝大多教师认为有必要加强，这反映大部分教师对现当代诗歌教学价值的认同。在现当代诗歌的教学方法认知方面，相当一部分教师会经常套用古典诗歌的教学方法，这反映一些教师没有完全掌握现当代诗歌教学的内在规律；教学困境方面，一方面是受应试压力的影响，挤掉了现当代诗歌的学习时间；另一方面学生课外积累较少，知识面过于狭窄，对现当代诗歌更是理解起来较为困难。

关于现当代诗歌的教学目的，大多数教师认为现当代诗歌可以提高学生语文素养、传承优秀文化，提高学生审美力和陶冶情操，这反映教师对现当代的"诗教"价值认识比较到位，也有一小部分教师认为现当代诗歌的教学是为了考试需要，表现出一定的功利性心态。

二、教学过程和方法

表4-13　教学过程与方法调查统计表

题5：您对现当代诗歌教学目标的设计主要依据是？			
选项	A.优秀教案	B.教学经验	C.课程标准	D.考试知识点
题6：您讲解现当代诗歌主要从哪几个方面入手？（可多选）			
选项	A.创作背景	B.语言、修辞	C.意境、情感	D.表现手法
题7：您讲授现当代诗歌的主要方式是？			
选项	A.逐句串讲	B.朗诵背诵	C.师生共同探讨	D.学生自主学习
题8：在现当代诗歌课堂上，您会留给学生多久思考时间？			
选项	A.2分钟	B.5分钟	C.10分钟	D.20分钟
题9：您的班级会开展现当代诗歌朗诵比赛吗？			
选项	A.经常	B.偶尔	C.很少	D.从不

　　调查分析：教学设计方面，大部分教师依据课程标准，并结合文本内容、学情进行设计，教案设计比较切合实际，也有一小部分教师完全依据自己的教学经验和优秀教案，一定程度上体现出部分教师的教学研究能力相对薄弱；还有极少数教师依据考试考点讲解，一定程度上反映了功利化的教学倾向。

　　教学内容方面，大部分教师会从诗歌的语言修辞、意境情感方面入手进行鉴赏，而较少教师会从诗歌的创作背景和表现手法方面入手，部分教师对教学的基本内容把握不够全面；授课方式方面，大部分教师采取师生共同探讨和朗诵背诵为主的方式，也有少部分教师采用逐句串讲的方式，没能充分地调动学生学习的主动性；关于课堂留给学生思考时间的问题，少部分教师课堂上留给学生自主学习思考的时间在不足5分钟，体现出少部分教师没有充分尊重学生的主体性地位。在诗歌朗诵方面，大部分班级很少开展现当代诗歌朗诵活动，这反映了现当代诗歌教学方法的单一性，不利于充分地调动学生学习的积极性。

三、教学评价和思考

表4-14　教学评价与思考调查统计表

题10：您会对学生现当代诗歌的学习效果进行考查吗？			
选项	A. 经常会	B. 有时会	C. 很少会	D. 从不考查
题11：您认为高考应该考查现当代诗歌吗？			
选项	A. 应该，且应提高比重	B. 应该，但不应有太高比重	C. 不应该，会加重学生负担	D. 不应该，没有太大价值
题12：您认为现当代诗歌可以多大程度地发挥"诗教"作用？			
选项	A. 很大程度上	B. 一定程度上	C. 作用不大	D. 几乎不能
题13：您对现当代诗歌的教学现状持什么态度？			
选项	A. 很乐观，教学效果显著	B. 比较乐观，有待改进	C. 教学效果不太理想	D. 比较失望

　　调查分析：这部分主要是了解教师对教学的评价和看法，对现当代诗歌学习效果的考查，大部分教师很少或者不会进行考查，他们认为高考对现当代诗歌部分考查甚少，所以平时也

不做要求；对于高考是否应该考查现当代诗歌部分，绝大部分教师认为应该，但不应该有太高的比重。

对于现当代诗歌能否发挥"诗教"的作用，大部分教师认为有一定作用，也有一小部分教师认为作用不大，这反映出少部分教师对现当代诗歌的"诗教"价值认识不够深入。最后，希望教师们谈谈对现当代诗歌教学现状的态度，大部分教师认为受考试导向，教学效果不太理想，还有一部分教师认为教学现状有待改进。这反映出现当代诗歌教学受应试因素的影响，实际教学中现当代诗歌教学并没有完全落到实处。

综上所述，部分教师对现当代诗歌教学的认知还存在一些不足，对诗歌教学的基本内容把握不够全面，对诗歌教学的内在规律的认知和教学方法的把握有待提升。另外，受应试导向，对诗歌教学的过程不够重视，对现当代诗歌的"诗教"价值认识不够深入，这些因素在一定程度上都会影响到现当代诗歌教学的效果。

第五章 高中语文现当代诗歌"诗教" 实施策略

在充分调查实践的基础上，本章所提出的高中语文现当代诗歌"诗教"策略围绕教学内容、学生学情、教师教情三个方面展开。教学策略的提出既符合《普通高中语文课程标准》的要求，又体现了"诗教"人文性的特点，有利于实现当代诗歌的"诗教"价值。

第一节 全面把握诗歌教学的基本内容

对于教学内容的分析和建构，是开展现当代诗歌教学的前提。现当代诗歌自身的本质，决定了其教学的特殊规律，本节将根据现当代诗歌的文体特点，着重探讨其教学的基本内容。

一、披情入文，体会诗歌情感

诗歌是作者内心的吟唱。诗歌中的一字一句，一物一景皆不是单纯的物象，都是情中之景，披上了情感的外衣。《文心雕龙·知音》中说："夫缀文者情动而辞发，观文者披文以入情，沿波讨源，虽幽必显。"[1]意即文学作品的创作，总是作者有感而发，这种内心的情感通过外在的辞令表达出来，才创作出诗文。鉴赏者应该沿着文章的辞令探寻诗歌的情感，才能深刻地把握诗歌的内涵。

　　饱含情感是诗歌的主要特征之一。艾青被称作是"土地之上的诗人"，他的诗歌当中最常见的两个意象就是"太阳"和"土地"，他的成名之作就是《大堰河——我的保姆》，这是一首献给他勤劳善良而又命运多舛的保姆"大堰河"的赞歌，也是一首唱给中国大地上千千万万像大堰河一样贫苦百姓的赞歌，《大堰河——我的保姆》一经问世，就意味着从一开始，艾青的诗歌就和苦难的中国大地紧紧地联系在一起。

　　对于保姆大堰河，诗人的内心充满无限的感激。看到外面纷飞的大雪，想到大堰河长埋在冰冷的雪盖之下，想起"我"曾是地主家遗弃的儿子，是大堰河收养了"我"，想起大堰河曾经用她"厚大的手掌把我抱在怀里"，给过"我"温暖的抚摸，虽然生命是父母给的，却是大堰河养育了"我"，想到大堰河对"我"的养育之恩，"我"终于无法抑制内心真挚的情感，最后深情地歌颂："大堰河，我是吃了你的奶而长大了的，你的儿子，我敬你，爱你！"

　　但是，这首诗歌不仅仅表达了对大堰河的感激之情，而

---

[1] 刘勰、李明高．文心雕龙译读［M］．济南：齐鲁书社，2009（1）：468．

且还表达了对广大贫苦人民的赞美和同情。"大堰河"并非只是诗歌中的一个独立的个体形象，作者采用大量的叙事成分和细节描写再现了大堰河的生活场景，在诗歌的第四节，诗歌连用八个排比句，描写出大堰河家境的贫苦和劳动的繁重，她那被典当了的土地，反映出地主阶级残酷的剥削。她那乌黑的酱碗，映衬出生活的艰辛。艾青后来回忆说："大堰河把自己的女儿溺死，专来哺育我。我觉得自己的生命，是从另外一个孩子那里抢夺过来的，一直总是十分愧疚和痛苦。"[1]大堰河为了生活，把自己的女儿抛弃来专门养育别人的孩子，体现了旧社会吃人的本质，更体现出社会底层人民生活处境的艰难。

大堰河所有的不幸和遭际，在那样一个时代都是她无法抗拒的，大堰河象征着那个时代生活在社会底层千千万万像她一样苦难的百姓。所以诗中写道："呈给大地一切的，我的大堰河般的保姆和她们的儿子。"这首赞歌不再是仅仅呈献给大堰河的赞歌，更是呈献给中国大地上千千万万苦难的百姓；不仅仅表达了对大堰河养育之恩的感激之情，更表达出对苦难人民的深切同情，对黑暗社会种种不公正现象的愤懑抨击。

体味诗歌情感，需要知人论世。诗歌情感往往是诗人内在心声的流露，诗歌作品总是与诗人的人生遭遇密切相关。这首诗歌创作于1933年，是诗人的成名之作，1932年冬，诗人因参加"左翼美术家联盟"身陷囹圄，在铁窗的一个早晨，诗人看

---

[1]钱理群.中国现代文学三十年（修订本）[M].北京：北京大学出版社，1998：430.

到一片白茫茫的大雪，触发了对大堰河的无限怀念。想到在大雪之下长眠的大堰河，诗人直抒胸臆，奋笔疾书写下了这首成名之作。艾青出生的时候，有一位阴阳先生为他算了一卦，说他命里克父母，所以把他交给一位贫苦的农妇抚养，这位农妇便是大叶荷，谐音就叫"大堰河"，艾青就是喝着大堰河的奶长大的，大堰河曾给过艾青无限的温暖，想起大堰河胜似亲生母亲般的养育，想到像大堰河一样千千万万受苦的百姓，触发了诗人无限的情思。了解诗人艾青这些人生遭际，我们才能深切地体会到诗人内心的情感。

二、沿波讨源，领悟诗人思想

诗歌鉴赏，就其内容而言，除了诗歌情感外，还应关注诗歌思想。伟大的诗歌作品往往流露出人性的光辉，饱含着隽永的思想，"在浓郁的感情中往往有理想信仰、人世经验、生活智慧在闪光。"[1]如《沁园春·长沙》。王国维曾说："境非独谓景物也。喜怒哀乐，亦人心中之一境界。故能写真景物、真感情者，谓之有境界。"[2]这首诗歌就是写真景、抒真情之作。诗歌作于1925年晚秋，32岁的毛泽东离开韶山，去广州主持农民运动。途经长沙时，重游故地橘子洲，眺望北去的湘江水，看到天地万千景象竞相自由，诗人不禁感慨，这苍茫的

---

[1] 吕进.新诗的创作与鉴赏［M］.重庆：重庆出版社，1982：330.
[2] 王国维原著，施议对译注.人间词话译注［M］.上海：上海古籍出版社，2016：13.

大地，到底是谁主宰着万物的命运？诗人不禁回忆起了青年时代的革命生活，那时正值同学少年，风华正茂，同学们用激浊扬清的文字评点国家大事，把当时的军阀割据当作粪土一样。"曾记否，到中流击水，浪遏飞舟？"就是对"谁主沉浮"最好的回答，不管是激流险滩，还是浪遏飞舟，诗人依然要去搏击风浪，投身于伟大的革命事业。诗歌大气磅礴，豪情万丈，抒发了诗人改造旧中国大无畏的革命情怀和斗争精神，体现了诗人救国救民的远大理想，以天下为己任的革命豪情。

这首诗歌咏物抒怀，是"诗言志"的典范。这一类诗歌直抒胸臆，思想较为明显；还有另外一类诗歌，其"意"不显，往往"千呼万唤始出来"，对于这样一类诗歌，我们需要结合诗歌的创作背景加以理解。

再如戴望舒的《雨巷》，我们初读会把它理解为一首爱情诗，这样的理解并无不妥。但诗无达诂，我们应鼓励合情合理的多元化解读，如果结合诗歌创作的时代背景，就会发现这是一首托物言志诗。《雨巷》写于1927年夏，当时国内发生了血腥的"四一二"反革命政变，全国上下笼罩在白色恐怖之中，诗人曾有志投身于革命，但一度被捕。此时寄居在江苏朋友家里中，时至雨季，江南的雨正冷冷凄凄地下着，诗人终日只能待在家里，想到外面的革命形势不容乐观，陷入了痛苦迷惘之中，便有感而发，写下了这首经典之作。

戴望舒曾游学法国，深受法国象征主义的影响。"中国象征派诗人从法国象征主义诗歌那里找到对抗'坦白直说'、过分的感情宣泄和缺乏深沉含蓄的艺术缺陷的出路。"[1]《雨巷》的表现手法带有明显的象征主义痕迹，诗人追求诗歌情感的含蓄委婉，反对诗歌的平铺直叙。结合诗人当时的人生际遇，我们不难发现，诗中的"姑娘"正是指代诗人内心追求的革命理想，"我"在雨中彷徨，独自找寻着心中的理想，虽然与"她"相遇，但也只是一刹那的邂逅，她投出叹息般的眼光，慢慢消散了！预示着心中理想的幻灭。当时"四一二"反革命政变发生后，诗人感受到革命理想的实现希望渺茫，因此陷入无尽的痛苦迷惘之中。但"我"并没有放弃寻找，"我"依然独自在雨巷中追寻，表明诗人的内心依然在艰难地追寻着革命理想！

这是一首典型的托物言志诗，抒发了诗人在追寻革命理想道路上遭受挫折而内心惆怅的苦闷之情。对于这样一类诗歌，我们应该结合诗歌的创作背景和作者的人生境遇去把握诗歌的思想。

三、反复吟诵，品味诗歌语言

语言是思想的载体，诗歌的语言各具特色，但最终目的都是为情感的表达服务。诗歌的语言或大气磅礴、或平静舒缓、或直抒胸臆、或低调婉转。鉴赏现当代诗歌，就诗歌的语言而言，应该反复吟咏，品味诗歌独特的语言风格，分析语言风格

---

[1]龙泉明.二十年代象征主义诗歌论[J].文学评论，1996（1）：88-100.

对诗歌情感表达的作用。

以杜运燮的诗歌《井》为例，诗歌把"井"的形象拟人化，写出了"井"甘愿寂寞、默默承受生命一切的人生姿态。这首诗歌的语言特色，首先在于对细节的把握十分精准。诗歌第一节中的量词"几片""小小""几朵"的运用，映衬出诗歌中"井"的平静，也体现出"井"不事喧哗、简单低调的作风；其次，这是一首严格的韵律诗。诗歌中从第一节到第七节，节节押韵，如"叶"和"界"，"候"和"忧"，"暖"和"满"，"面"和"烂"，"面"和"联"，"涤"和"己"，"奋"和"声"，这样的押韵使诗歌犹如一首平静舒缓的乐曲，更加烘托出诗歌平静的气氛，从而更加有利于诗歌情感的表达。

再如《沁园春·长沙》中，诗歌用词精妙，如一个"独立寒秋"的"独"字，生动刻画出诗人孑然一身伫立在秋风之中刚毅不屈的革命形象；"湘江北去"的一个"北"字，写出了湘江之水浩浩汤汤一去不复返的磅礴气势；"看万山红遍"的一个"万"字，写出了山峰层峦叠嶂的壮阔景象；"鹰击长空"的一个"击"字，描绘出老鹰搏击长空的雄壮之美；"万类霜天竞自由"的一个"竞"字，描绘出了天地万物一派生机勃勃的画面；"怅寥廓"的一个"怅"字，传神地描写出诗人看到天地万千景象而发出的无限感慨；"浪遏飞舟"中的一个"遏"字，生动地再现了波涛汹涌的场景，暗示着当时革命形势的紧张；而"到中流击水"的一个"击"字，鲜明地表达了诗人大无畏的革命情怀。

四、沉吟章句，探究诗歌艺术

诗歌的艺术趣味主要指"一首诗在语句、构思、表现手法方面的诗味"[1]。

如果说情感、思想是诗歌的内在，那么艺术趣味则是表现诗歌情感、思想的外在形式。

诗歌的表现手法多种多样，如"托物言志""借景抒情""夸张""拟人"等。如戴望舒《雨巷》，诗歌中多处运用"重叠反复"的表现手法。如"彷徨在悠长/悠长""她是有/丁香一样的颜色/丁香一样的芬芳/丁香一样的忧愁/在雨中哀怨/哀怨又彷徨""她飘过/像梦一般的/像梦一般的凄婉迷茫""她静默地远了/远了""消了她的颜色/散了她的芬芳/消散了"，诗歌运用大量的叠句，增强了诗歌声音回环立体的效果，使得诗歌情感回环往复，更加浓烈；又如郭沫若的《天狗》，"我飞跑/我飞跑/我飞跑/我剥我的皮/我食我的肉/我吸我的血/我啮我的心肝/我在我神经上飞跑/我在我脊髓上飞跑/我在我脑筋上飞跑。"[2]诗歌运用"拟人"和"夸张"的修辞手法，塑造了一个极力表现自我个性的"天狗"形象，从而使诗歌形象更加符合诗歌表达情感的张力。在杜运燮的诗歌《井》中，"我

---

[1] 吕进.新诗的创作与鉴赏[M].重庆：重庆出版社，1982：336.

[2] 课程教材研究所.普通高中语文课程实验教科书语文选修中国现代诗歌散文欣赏[M].北京：人民教育出版社，2006：2.

是静默/几片草叶/小小的天空飘几朵浮云/便是我完整和谐的世界""静默/清澈/简单而虔诚/绝不逃避/也不兴奋/微雨来的时候/也苦笑几声。"诗人运用"拟人"的手法，赋予"井"人的形象，托物言志，生动地塑造了一位甘愿奉献、默默承受岁月洗礼的高贵人格形象，语言朴实而不失表现力，诗歌情感平静而动人。

诗歌的构思巧妙，往往会达到出其不意的艺术效果。冯至的诗歌《蛇》中，诗人写出"我的寂寞是一条蛇/静静地没有言语/你万一梦到它时/千万啊/不要悚惧"[1]。"蛇"在我国的传统意象中往往代表着邪恶、冷漠，但是诗人却出其不意，以浪漫主义的手法把自己的"寂寞"比作一条静静的不说话的"蛇"，它忠诚、温柔、美丽，成为诗人情感的载体，构思巧妙，使读者获得意想不到的审美体验。

以上四个部分，是对高中语文现当代诗歌鉴赏基本内容的概括。前两个部分是从诗歌"写什么"的角度进行论述，后两个部分是从诗歌"怎样写"的角度进行阐释。在鉴赏不同的现当代诗歌作品过程中，对这四个维度的把握不可能面面俱到，应根据具体的诗歌文本特色，突出分析其中的一到两个点，做到就事论事，才是真正把握了现当代诗歌鉴赏的内在规律。

---

[1]课程教材研究所.普通高中语文课程实验教科书语文选修中国现代诗歌散文欣赏［M］.北京：人民教育出版社，2006：22.

第二节　充分体现学生的主体性地位

教师在教学活动中占主导性的地位，这点毋庸置疑。但是，教师在教学过程中不能取代学生的主体性地位。学生只有通过自己独立思考，才能够将教师讲解的知识内化为自己的智慧；而且教育是一种具有特殊性规律的活动，教师只有从学生的身心发展规律出发，才能够调动学生的主动性和积极性，促进学生身心全面发展。

学生的主体性主要包括这样几个方面：①自主性，学生具有独立的思想和人格，对一些问题有自己的思考，而不是盲目地接受别人的思想；②能动性，是指学生能够"自觉、积极、主动地认识客体和改造客体，而不是被动地和消极地进行认识和实践"[1]；③创造性，学生通过对旧事物的改造或变革，从而产生新的、有生命力的事物。对于学生来说，创造性并非完全是创造出前所未有的东西，更多体现在对一些问题能够提出自己独到的见解；能够将学到的知识灵活运用到生活当中，能够充分地展开想象和联想，具备勇于探索的精神。

现当代诗歌教学，应结合诗歌的情感、语言、思想、表现艺术等方面，充分发挥学生在诗歌教学当中的主体性地位。在具体的教学实践当中，体现学生的主体性地位，主要可以从以

---

[1] 张天宝.论学生的主体性及其基本特征 [J].教育学术月刊，1996（6）：16-20.

下几个方面入手。

一、"精讲多学"，倡导学生参与学习过程

（一）"精讲多学"理念的提出

叶圣陶先生说："教师教任何功课，讲都是为了达到不用讲，换个说法，教都是为了达到不用教。"[1] "精讲多学"是指教师适当点拨，让学生积极参与学习过程，独立自主地探索思考，从而获得知识和能力的教学方法。目前，高中语文教学中，一些教师还是采用传统的教学模式，教师讲、学生听，没有引导学生积极地思考，学生只是被动地学习，导致学习效率低下，探究能力薄弱。在这样的教学背景下，有必要提出"精讲多学"的教育理念，充分发挥学生在学习中的主体性地位。

（二）"精讲多学"的应用方法

1.制订学习目标

展开教学前，应该让学生提前预习，以使学生做到心中有数。但很多同学不知道怎样预习，他们无法抓住学习重点，大多学生只是粗略地看书便算完成任务。因此，教师应该指导学生进行有效预习。

首先，教师应该让学生明白教学的重点。如在教学必修一现代新诗这个单元，教师应该告知学生这个单元的学习重点是分析诗歌意象、理解诗歌情感。同时，教师应教给学生一些鉴

---

[1] 叶圣陶.叶圣陶语文教育论集（上册）[M].北京：教育科学出版社，1980：152.

赏方法，如通过朗诵诗歌来体会诗人的情感，通过分析诗歌意象来领悟诗歌思想。

其次，教师应在上课前5分钟制订教学目标。在制订教学目标时，既要结合课程标准的要求，又要结合基本学情，使教学目标切实可行。如在讲解《沁园春·长沙》时，教师应该在课堂上展示教学目标：①有感情地朗诵诗歌，理解诗人表达的思想情怀；②分析诗歌意象，探究诗歌意象当中所体现的情感；③品味诗歌语言，感受诗歌语言的表现力。

最后，学生形成自己的学习目标。学生明确了教学目标以后，可以根据自己的学习特点制订自己的学习计划。可以根据自己的学习兴趣，选择自主探究或小组合作的学习方式，有目的地实现自己的学习目标；对自己难以理解的知识点，留待课堂上重点关注，通过教师解惑答疑。

2. 让学生积极参与学习过程

"填鸭式"教学忽视了学生的主体性地位，不能充分发挥学生学习的积极性，学习效果差。教学活动应该是一种探究式的活动，应该让学生主动深入地探究，理解知识内容。教学活动中，教师应该精讲一些，让学生多学一些。

首先，要留给学生充分思考和讨论的时间。如学习《雨巷》，教师让学生分析这首诗歌的主题。这时，老师可以让他们各抒己见，表明各自观点和理由。有的同学认为这是一首爱情诗，"丁香"姑娘就是诗人追寻的对象。有的同学结合时代背景，认为这是一首抒发革命理想的诗歌，分析透彻，其观点让人信服。之后老师再适当点拨，让学生明白鉴赏诗歌可以进行个性化解读。这样，既促进了师生之间的相互交流，也加深了学生对诗歌主题的理解。

其次，要培养学生理性的批判精神。如学习《大堰河——我的保姆》。我给同学们分享了一段背景知识：大堰河为有充足的母乳哺育艾青，竟不惜把自己刚刚生下来的女儿掐死。请同学们思考，怎样评价大堰河的这一行为？一个义愤填膺的学生突然站起来说："大堰河是一个十分残忍愚昧的女人，她把自己女儿掐死来哺育艾青，即使换来一些钱又有什么意义，最终她也会悔恨一辈子。"片刻，另一个同学说："其实大堰河是一个非常可怜的人，她掐死自己的女儿也是迫于无奈，她家里还有儿子和丈夫等着她养活。"同学们纷纷点头，最后一个同学发表观点："我们应该站在特定的历史背景下看问题，大堰河是一个目不识丁的封建女性，所以她更不懂人权，她只知道怎样艰难地求生存，这是她的不幸，也是一个时代的不幸。"通过这样探究式的提问，同学们深入思考、相互探讨，既加深了学生对诗歌主旨的理解，又培养了学生理性的批判精神。

最后，要引导学生进行探究性学习。如学习《雨巷》时，教师让学生课后去收集一些关于戴望舒的人物资料，了解"象征主义"手法的内涵。学习《再别康桥》时，让学生了解新诗史上"新月派"的诗学主张，以及闻一多提出的"三美"概念。这样既扩展了学生的知识面，又培养了学生的探究能力。

3.适当点拨，答疑解惑

学生由于知识和个人经验不足，对诗歌不能做到全面理解，这就需要教师适当引导，帮助学生掌握正确的学习方法，对学生的疑惑适时进行点拨。

如学习新诗单元，很多同学不知道何为诗歌"意象"，诗歌"意象"有什么作用。老师就要让学生理解诗歌"意象"的内涵，理解诗歌"意象"对情感的抒发作用。这个时候，教师应该向学生解释："意"即诗歌的情意，"象"即诗歌的物象，"意象"即为诗歌中带有情感的物象，并结合具体的案例进行分析。如《雨巷》中的"丁香""姑娘""雨巷"，这些典型的意象披上了情感的外衣，是为诗歌情感的表达服务的。又如痖弦的《秋歌》中，诗歌中运用一连串的意象，"落叶""荻花""砧声""雁子"的消逝，暗示着诗人对美好事物的追忆。

总之，在新课标的背景下，教师应该转变教学理念，从讲授知识的"传授者"转变为探索知识的"导演者"，适当放手，充分发挥学生的积极性和创造性，让学生在探索新知的星空自由翱翔。

二、"诗无达诂"，鼓励学生个性化解读

诗无达诂，通俗来讲是指诗歌没有完全统一的理解，对诗歌解读应允许合理的多元化解读。吕进先生说："诗总是充分发挥诗人的想象力，同时又尽力调动读者的想象力。诗家一

忌，就是以诗人的想象力去代替读者的想象力。"[1]诗歌鉴赏本身就是再创造的过程，学生生活阅历不同、思维角度不同、认知水平不同，对诗歌的理解和感受自然存在差异。诗歌鉴赏应该鼓励学生进行个性化的解读，这样既尊重了学生主体性，又培养了学生丰富的想象力、独特的创造力，这对现当代诗歌"诗教"作用的发挥大有裨益。

流沙河有一首小诗《枫与银杏》："一个说秋天是红色的/一个说秋天是金色的/画家说秋天有各种色彩/秋天说我没有任何颜色。"秋天就像一首小诗一样，在不同读者的眼里，秋天有着不同的颜色。教师应该充分认识个体的差异性，在合理范围内，应允许学生对诗歌有不同意义的理解。如臧克家的《老马》：

> 总得叫大车装个够，
>
> 它横竖不说一句话，
>
> 背上的压力往肉里扣，
>
> 它把头沉重地垂下！
>
> 这刻不知道下刻的命，
>
> 它有泪只往心里咽，
>
> 眼里飘来一道鞭影，
>
> 它抬起头望望前面。

---

[1] 吕进. 新诗的创作与鉴赏［M］. 重庆：重庆出版社，1982：340.

学习这首诗歌，教学目标之一是解读诗歌中的意象"老马"，只要言之有理，学生可以从不同的角度解读"老马"所代表的象征意义。下面是我的教学片段：

老师：同学们，初步朗诵这首诗歌之后，我想大家对诗歌中的"老马"的形象一定有了初步的理解，那么"老马"在你的心中又代表着怎样的象征意义呢？请同学们思考讨论一下，说出你心中"老马"的象征意义。

（学生们各抒己见，师生互动）

学生1：我认为诗歌并非仅是写一匹"老马"的形象，我们常说，诗歌意象是诗人内心的映照，正如臧克家所说的一样："我写了老马……实际上就是写我自己。"诗歌中的"老马"身负重担，还在声嘶力竭地埋头挣扎着，从这个层面来说，臧克家应该是借助诗歌中的"老马"形象在写自己沉重的苦难。

（大部分同学点头）

老师：看来大部分同学都认同他的观点，这位同学的理解非常到位，他借助臧克家自己的话，道出了诗人内在的心声，一切景语皆是情语，从诗人借"老马"写自己这一层面来理解诗歌是非常合理的，同学们还有没有其他的看法？

学生2：我认为诗歌中的"老马"形象代表着中国千千万万苦难的农民，这首诗歌作于1932年，那时候还处于旧中国时期，老百姓受封建阶级和帝国主义的压迫，生活在水深火热之中，身负沉重的压力，他们就像一匹"老马"一样，艰难地生存着。

老师：看来同学们对于诗歌意象的理解进一步深入了，这位同学结合诗歌的创作背景，对于诗歌的象征意义有了更深一层的理解，他认为诗歌中的"老马"象征着中国无数苦难深重的农民，与诗歌的意象非常吻合。那么同学们还有没有其他的理解？

学生3：我认为诗歌中的"老马"形象不仅仅代表千千万万苦难的农民，还象征着苦难的中华大地，1932年中国还处于半殖民、半封建社会，受封建势力和帝国主义的压迫，祖国承受着巨大的苦难，祖国就像一匹苦难的"老马"一样，身着沉重的负担，但是依然奋力向前！

师：同学们，以上三位同学的发言，你们说说谁分析得对？

学生们：都分析得对。

师：为什么？

学生4：学生1结合臧克家自己的话，认为老马象征着自己；学生2结合诗人的创作背景，认为老马象征着中国千千万万苦难深重的农民；学生3结合当时的社会背景，认为"老马"象征着苦难的旧中国。他们说的都有自己的道理，我认为他们分析得都合理。

（同学们纷纷点头）

师：看来同学们非常认同以上几位同学的观点，他们解读的"老马"象征意义与诗歌当中的意象联系非常紧密，诗歌鉴赏本身就是一个再创造的过程，同学们应该充分地发挥你们的想象力和创造力，对诗歌进行合理的个性化解读。

课后总结：同学们，这节课我们通过对"老马"意象的多元化解读，从个人到农民阶层，再到中华民族，让我们对臧克家的《老马》有了不同层面的理解。为了鼓励大家对诗歌进行合理的多元化解读，老师在这里推荐一首诗歌给大家，大家下课以后细心品读，看看能不能读出不同的感受和味道。

作业布置：选修教材中有一首痖弦的诗歌《秋歌——给暖暖》，请同学们细心品读，想想诗歌中的"暖暖"到底是谁？你心中的"暖暖"是什么？

诗歌的"秘密"一经道破，我们便会感叹自我想象力的贫乏。老师讲解现当代诗歌时，应该充分发挥学生的想象力和创造力，鼓励学生进行个性化解读。同时，教师应该分析学生的思考是否合情合理，遵循"多元有界"的原则，做到解读诗歌既充满个性，又不随便臆断。

三、开发教学资源，引导学生联系生活实际

生活是诗歌创造的源泉，诗歌所表达的情感和思想主题，往往与生活密切相关。现当代诗歌教学中，应该引导学生联系生活实际，拓展教学资源，以加深对诗歌内涵的理解。这样做有以下三点优势。

第一，能够充分挖掘诗歌的情感价值。如学习《大堰河——我的保姆》，教师可以引导学生观察生活，现实中我们身边并不缺乏像大堰河一样的社会底层人民，在寒风中瑟瑟发

抖的清洁工，在垃圾堆寻找食物的流浪者，在大街上匍匐前行的乞讨者，这些鲜活的人物素材，都是启迪学生创作的生活素材。学生可以写一篇抒情诗歌或散文反映他们艰难的生活现状，引导学生要关注社会弱势群体，发挥诗歌的情感价值，加强学生的情感教育。同时可以培养学生敏锐的观察能力，做到学以致用。

第二，能够加深学生对诗歌思想的理解。如学习臧克家的诗歌《老马》，为了加强学生对"老马"形象的理解，可以让学生结合现实生活谈谈"老马"的现实象征意义。一位学生说起自己的父亲辛辛苦苦在工地上干活，每年的收入只是勉强够他们家两个孩子上学，有一次，他的父亲不小心从建筑上摔下来，大腿摔断了，包工头只是简单地赔偿了一些基本的医疗费，父亲卧病在床，家里没有收入来源，他们的生活处境更加艰难。讲到这里，有的同学对他的遭遇流露出同情的目光，有的同学表露出对黑心包工头的厌恶之感；另一位同学讲起了自己的妈妈在一个鞋厂上班，每天天还没亮就要去上早班，晚上要到八九点才回，有一次自己生病了，妈妈送她上医院后回到鞋厂迟到了，老板不分青红皂白就扣了妈妈整个月的全勤奖……同学们议论纷纷。这样让学生们联系生活，让他们深切认识到新中国成立前中国贫苦百姓承受的残酷剥削和沉重负担，加深他们对诗歌主旨的理解，引起他们情感上的共鸣。

第三，能够培养学生的社会责任意识。如学习诗歌《这是四点零八分的北京》，诗人食指发表这首诗歌后，在无数知识青年心中产生了巨大的情感冲击力。可以让学生结合生活实际谈谈，为什么这首诗歌有如此大的感染力？有位同学说："就像我当初离开父母到城市来念高中一样，在父母身边生活了十五六年，从未离开过父母和熟悉的家，现在却要背负行囊，独自一人坐火车去到一个陌生的城市，对家人依依不舍，对未来所要面对的一切有些惊慌。"另一位同学接着说："你那是短暂的离别，等学校放假就可以回去了。但是诗歌中所表达的离别可能是生离死别，他们也不知道能什么时候回来，这可能是和父母亲人最后一次道别。他们奔赴的地方，往往是偏远的农村，他们所要面临的生活更加艰难。"讨论到这里，同学们纷纷点头，赞同他的观点。这个时候我又进一步追问："是什么原因造成了这样的悲剧？"同学们议论纷纷，一位同学说："这是一个时代性的悲剧，'文革'期间，无数的知识青年'上山下乡'接受再教育，导致一大批知识青年没有在最宝贵的年纪接受教育，耽误了一代人的青春。"我又让学生们联系生活实际，谈谈类似的社会现象。一位同学说："应试教育导致一切以考试得高分为导向，学生背负沉重的学习负担，经常熬夜，这不利于青少年的健康成长。"还有的同学说："有些地方形式主义作风浓厚，新闻报道有些地方政府为了业绩，大肆圈地卖地，兴建形象工程，既劳民伤财，又破坏生态环境……"同学们对这些社会现象的分析，表明学生关注了社会现实，培养了学生的社会意识和责任担当。

由上可知，开发利用有效的教学资源，有利于充分发挥

"诗教"在陶情、审美、立德等方面的作用。诗歌教学应该引导学生联系生活实际，加深对诗歌中思想情感的领悟。还应充分挖掘诗歌的情感价值和道德价值，以培养学生良好的道德情操和社会责任意识，提升学生的人文素养和综合能力。

四、推陈出新，倡议学生进行诗歌改编和创作

诗歌在不同时期，经历了不同的历史演变。就中国现当代诗歌而言，从"五四"时期的新诗运动，胡适提出"作诗如作文"的主张，打破了诗歌格律化的形式，形成了早期的白话诗。紧随其后，郭沫若《女神》的出现，可以说把诗歌形式的解放推向了极致。不曾料想，又出现了另一个极端，一时诗歌的格律形式完全不受限制，诗歌的语言出现了粗俗化的现象。为了革除这一弊病，新月派提出了"新诗格律化"的主张，新诗渐渐走向了规范化的道路。闻一多提出了"三美"原则，徐志摩则追求"爱""自由""美"的艺术风格。后来，受社会革命形势的影响，蒋光慈创作的无产阶级革命诗歌，把"五四"时期新诗的"平民化"推向了新高度。

可见，文学的形式和内容是随着社会的发展而流变的。现当代诗歌经历了不同时期的演变，一方面，这是文学发展规律的必然性，另一方面，也是社会发展对文学革新的要求所在。在高中语文教材中，虽然选录了很多优秀的现当代诗歌，但是一些诗歌的内容和形式似乎有些不合时宜，与学生的心灵产生了一定的隔阂，为此，有必要提倡学生创新诗歌表达。诗歌表

达的创新可以分为两个方面，一个是诗歌表达形式的创新，另一个是诗歌表达内容的创新。

（一）鼓励学生将优美的诗歌改编成流行歌曲

"诗"与"歌"似乎有着天然的联系，它们之间的共性在于其抒情本质的一致性。进入21世纪，现当代诗歌似乎越来越被边缘化，这是一个不争的事实，而与现当代诗歌相似的艺术形式——流行歌曲似乎渐渐被大众所喜爱。流行歌曲的兴起有其内在原因。首先，流行歌曲内容贴近时代，更能反映大众的时代心声；其次，流行歌曲旋律优美，吟唱起来回环动听，是一种优美的艺术形式；最后，流行歌曲内容通俗，受众广泛。

这些因素，都使流行歌曲较之现当代诗歌更受欢迎，又因为现当代诗歌与流行歌曲两种艺术形式极为相似，无论是其文字形式，还是其表达内容，都有一些共通之处，这为将现当代诗歌改为流行歌曲提供了可能性。

现当代诗歌中有一些意境优美、韵律和谐的作品，把它们改编成流行歌曲，更能够获得同学们的喜爱，这对于学习一些优秀的现当代诗歌作品十分有利。如现在被观众所喜爱的"音乐诗人"李健，他把外国诗人叶芝的《当你老了》改编成了流行歌曲，委婉动听，沁人心脾。被他改编的还有徐志摩的《再别康桥》。通过歌曲的形式，把现当代诗歌谱上曲，仿佛给现当代诗歌增添了一种独特的魅力，使诗歌的意境更好地呈现在读者面前。

这种诗歌改编的形式非常值得高中生学习借鉴，高中生喜爱流行音乐，他们大可以把一些优美的现当代诗歌改编成流行歌曲，有条件的话，可以请音乐专业的老师帮助谱曲，把一些优美的现当代诗歌改编成优美动听的流行歌曲，从而获得更多高中生的喜爱。

（二）倡导学生创作反映时代的新诗歌

"文章合为时而著"[1]，现当代诗歌要想获得生命力，就必须要反映时代的心声，为时代而抒写。人教版高中语文教材中选取的现当代诗歌作品，都是在中国新诗史上一些优秀的名篇，它们反映着时代的主旋律，代表着一个时代的精神风貌，对于培养学生高尚的道德情操十分必要。然而，时代在发展，在教材分析中我们发现，其中一些诗歌存在脱离时代的问题，尤其是改革开放以后选入教材中的现当代诗歌更是少之又少，这必然会与学生产生一定的隔阂。

身处在如今这个时代，高中生身边的世界千变万化，他们一定有自己内在的心声需要表达，他们应该创作属于自己的作品，来表达他们内在的心声和时代的面貌。

如当代诗人江非的诗歌《妈妈》，就是一篇很好地展现当代社会变迁的优秀作品。《妈妈》全篇有三分之二的篇幅是在写现代文明，一开始就问妈妈，你见过地铁吗？还有飞机、电车、点钞机、甚至玛丽莲·梦露，他用妈妈能够理解的方式解释着这些现代文明新奇的事物。这些事物看似新奇，但恰恰映

---

[1]郭绍虞.中国历代文论选：一卷本［M］.上海：上海古籍出版社，2001：141.

衬出妈妈对现代文明的陌生和眼界的狭小。诗歌只有最后几句话描写妈妈的生活现状，妈妈已经46岁了，她今天去山上捡了三次柴火，显然，妈妈还是生活在农业文明时代，虽然现代文明进入了年轻人的视野，然而妈妈却被时代抛在了后面，她只关心柴火。当现代文明和农村文明交融时，接下来会带来怎样的变迁，这引起了我们这个时代人的思考。

像这样反映新时代的诗歌作品，能够引起一个时代青年的共鸣，自然能够获得更多高中生的喜爱。在现当代诗歌教学中，教师应该多鼓励他们创作反映当代的新诗作品，推陈出新，从而焕发现当代诗歌强大的生命力。

第三节　积极发挥语文教师的主导性作用

教师在教学活动中起着主导作用。教师的教学观念、教学素养以及教学方法往往会影响到教学效果。近些年来，虽然语文的工具性和人文性一再被提及，但如今的语文教育并没有完全处理好二者之间的关系。尤其是语文的人文性未被给予足够的重视，现当代诗歌的"诗教"就是基于这样的语文教学困境提出的，为此，语文教师应该充分认识到语文学科人文性的重要性，积极转变教学观念，充分发挥现当代诗歌的"诗教"作用。

一、语文学科的人文性需理性回归

于漪老师早就解释了语文学科的性质："语文学科作为

一门人文应用学科，应该是语言工具的训练与人文教育的综合。"[1]她的观点，就是在当时语文教育工具化思潮泛滥的背景下提出的。时间过去这么多年，受应试教育弊端的影响，语文学科的性质依然存在扭曲的现象，许多语文教师因高考指挥棒的导向，依然以分数作为语文学习的终极目标，对语文学科的人文性置若罔闻。对此，有必要呼吁语文学科的人文性理性回归。

（一）语文学科人文性的基本内涵

黄厚江老师曾经对语文学科的人文性的基本内涵做了概括，十分准确到位，主要从三个方面进行了阐述。

1.培养学生对母语和祖国文化的热爱

"一个民族的母语，是一个民族智慧的结晶，是一个民族的精神印记，也是一个民族文化的载体。"[2]语文学科与其他学科的不同之处在于，它不仅要传承母语，更要弘扬祖国的优秀文化。学习母语的过程，不仅仅是为了掌握一门语言技能，而且是为了传承民族的优秀文化，打上民族的精神烙印。中华民族之所以能够几千年屹立不倒，是因为民族的精神文化得到了一代代中华儿女的传承和弘扬。语文学科作为一门母语学科，更应该传承好祖国的优秀文化，让学生因学习语文而更加

［1］于漪.弘扬人文，改革弊端——关于语文教育性质观的反思［J］.语文学习，1995（06）：2–5.

［2］黄厚江.试论语文课程人文性的基本内涵［J］.中学语文教学，2007（8）：19–21.

热爱母语和民族文化。

2. 培养学生积极的生活态度和丰富的情感

归根结底，教育的最终目的是促进人的全面发展。热爱生活是一个人全面发展的前提，培养学生积极的生活态度，必须培育好学生的精神世界。语文学科承载着中华民族众多优良品质：自强不息、百折不挠、谦恭礼让、淡泊名利、超然洒脱等。这些优秀的精神品质正是培养学生热爱生活丰富的精神养料；而健康丰富的情感，是让学生有着丰富的情感世界，懂感恩、知怜悯，对身边的人充满关爱之情，做一个有血有肉的人。

3. 培养学生的创新精神和审美意识

近些年来，随着时代的发展和变化，党和国家高度重视创新能力的培养。著名的"钱学森之问"更是针砭时弊，指出了我国教育的弊端。语文教育包含着丰富的人文精神和创新因素，对学生创新能力的培养至关重要。所以，语文学科应该更加注重培养学生独立的思想个性，让学生敢于质疑、敢于挑战，富有想象力和创造力；培养审美能力是提高学生人文素养不可或缺的一部分，让学生拥有审美意识，让学生发现美、创造美，以审美的眼光看世界，让学生感受到生活的意义，享受丰满的人生。

以上是对语文学科人文性基本内涵的概括。归结到底，强调语文学科的人文性最终目的是提升学生的人文素养，以促进学生的身心全面协调发展。

（二）应充分发挥现当代诗歌的"诗教"作用

1.注重培养学生的爱国情怀

现当代诗歌一些优秀的作品，饱含着伟大的爱国情感、深刻的人文关怀。学生学习这些作品，能够激发他们的爱国热情，关注祖国命运，培养学生的社会责任感。如我们欣赏《沁园春·长沙》时，能够感受到诗人改造旧中国的革命气魄和爱国情怀；吟诵《大堰河——我的保姆》时，能够感受到诗人对贫苦百姓的深切同情；品读《这是四点零八分的北京》，能够领悟到诗人对"文革"的深刻反思，品读《老马》我们能够感受到诗人对中国农民肩负沉重负担的深切同情；品读《地之子》，我们能够感受到诗人对农村生活和这片土地的热爱；品读《雪落在中国的土地上》，我们能够感受到中国大地曾经承受的苦难。鉴赏这些诗歌作品时，教师应该关注诗歌作品中所承载的爱国情感，让学生获得爱国情感的陶冶。

2.丰富学生的情感世界

学生有了丰富的情感世界，才会成为一个人格健全的人。培养学生的人文关怀意识，对社会的不公正现象怀有正义感、对弱者怀有怜悯之心、对他人怀有感恩之心、对世界抱有博爱之心，才会使学生身心健康发展。现当代诗歌作品中蕴含着丰富多彩的情感，对培养学生健康丰富的情感十分有利。如学习《天狗》，我们能够领悟到青年的热情奔放、敢于改天换地的英雄气魄，能够培养学生积极进取、热情奔放的人生态度；学习《老马》，能够唤醒学生对劳苦大众的深切同情，使他们能够站在人民的立场，为百姓着想；又如学习外国诗歌《当你老了》，学生能够领悟到什么才是真挚的爱情，培养学生正确的爱情观、婚姻观；学习荷尔德林的《故乡》，学生品读着诗人失恋后回到故乡的内心独白，但诗人没有止于痛苦的宣泄，而是蕴含着对生命的深刻思考：人的"痛苦"是天生赐予我们神圣的东西，我们身为凡人，注定是要去爱、去痛苦，我们应该坦然地承受这一切。认真品味诗歌的哲思，能够培养学生面对挫折时积极乐观的人生态度。

3. 培养学生的审美与创新能力

诗歌是"美"的化身，诗歌的美体现在方方面面，语言美、情感美、哲思美、意境美等，这些都是培养学生审美能力的优秀养料。教师在教学过程中，应该充分利用好现当代诗歌的这些审美因子，以提高学生的审美能力。《再别康桥》中，诗人为我们呈现了一幅美妙的"康河寻梦图"，撑一支长篙，在星辉交织的夜空下歌唱，但是终究是没有放声歌唱，因为悄悄是离别的笙箫，热闹的夏虫这个时候也不叫了，沉默注定是今晚的主旋律。越是寂静，越是映衬出诗人内心的不舍之情。诗歌为我们呈现出一幅美轮美奂的画面，给学生以无尽的遐想和美的享受；诗人痖弦的《秋歌——给暖暖》中，诗人以轻盈的笔触，写出了秋天告别"落叶""荻花"这些美好的东西之后，什么也没留下，只留下"一个暖暖"。一个是短暂的，一个是永恒的，美好的事物虽然易逝去，但是美好的记忆却永存，这是美的哲思。引导学生品味诗歌的意境，既赋予了学生美的享受，又给了学生深刻的哲思。

学生品读这些优美的诗歌，自然获得美的陶冶、美的启迪，在潜移默化中，培养了学生的审美意识。诗歌鉴赏本来就是一个创造性的活动，诗歌的情感思想不一定全是诗人给读者的，也需要读者充分地利用自己的生活积累去品读诗歌。诗歌中丰富的想象、深远的意境、奇特的构思，对于培养学生的创新能力是十分有利的，教师可以适当地要求学生进行新诗创作，既培养了学生的写作能力，又培养了学生的创新能力。现当代诗歌蕴藏着丰富的人文内涵，语文教师应该树立人文意识，充分地认识到现当代诗歌的"诗教"价值，在教学实践中注重学生人文素养的塑造，以促进学生身心健康地发展。

二、由"教学型"教师向"研究型"教师转变

调研中发现，部分教师没有完全把握现当代诗歌教学的规律，存在对教学理论研究不足的问题。首先，没有把握现当代诗歌教学的基本内容，情感、思想、语言、艺术手法这四个方面是现当代诗歌教学的四个基本维度，对于发挥现当代诗歌的"诗教"价值至关重要。部分老师要么受应试教育影响，只注重诗歌考点的讲解，要么自我教学理论素养缺失，忽视了现当代诗歌教学的人文价值；其次，一些教师教学方法单一，仍然套用古诗词教学的方法教授现当代诗歌，忽视了现当代诗歌的个性化特点，或者忽视了学生在学习中的主体性地位，采用"教师讲、学生听"的传统教学方法，致使教学效果不佳；再

次，部分教师对语文新课标的教育理念认识不足，没有紧跟语文教育改革的步伐，教学理念上存在一些偏差，尤其忽视对学生人文素养的培养。

为此，语文教师应该加强对现当代诗歌教学理论的研究。多读一些关于诗歌教学理论的专业书籍，把握现当代诗歌教学的基本规律；充分调动学生学习的积极性，采用合作交流、自我探究、"少教多学"等科学的教学方法，让学生融入教学过程，注重培养学生的人文精神，促进学生全面发展。

三、"诗、乐、画"一体，创建情境式教学

情境式教学是指在教学过程中，教师有目的地引入一些生动形象的场景，以增强学生的个人体验，从而帮助学生更好地理解教材，帮助学生获取知识的教学方法。在课堂上，创建情境教学法的基本途径包括：图画再现情境、音乐渲染情境、生活展现情境、表演体会情境、语言描述情境和实物展示情境。

根据现当代诗歌教学的特点，图画再现情境和音乐渲染情境是最为合适的情境教学法。这是因为"意象"组成了诗歌，而呈现诗歌"意象"最好的方法就是图画再现和实物再现，尤其有一些意象较为抽象，要把抽象的东西具体化，图画再现是最好的方法。此外，音乐与诗歌有着天然的联系，在学习诗歌时，如果借助一定的音乐场景加以渲染，往往给人以美的享受，使人心驰神往。

（一）音乐渲染法

　　借助音乐来达到渲染情境的目的，在课堂上常用的方法就是给诗歌配上相应的乐曲，选取的乐曲需要与诗歌的情感基调、意境协调交融。还有其他的方法，如学生表演歌唱、老师弹奏等方法，这些都属于音乐渲染法。

　　如在教学《大堰河——我的保姆》时，在课堂导入新课部分，我就设计了音乐导入法，在老师范读的时候，配上了《懂你》作为背景音乐。这首歌曲是表达母亲对儿女无私奉献的经典歌曲，听起来令人动容，能够让大家感受到母爱的伟大，这首歌的情感与诗歌的情感相互吻合，能够增进学生对诗歌情感的理解；又如学习叶芝的《当你老了》，我在教学过程中配上了李健的流行歌曲《当你老了》，学生们聆听以后，感受到了虔诚的爱情的崇高，有助于加深学生对诗歌情感的理解，也有助于学生树立正确的爱情观。

　　（二）图画再现法

　　图画再现是通过具体可感的图画，把诗歌当中的意象呈现在读者面前，以便学生更好地理解诗歌当中的情境。具体的方法包括借助网络搜索相关照片，或者是绘制相关的图画，抑或是播放相关的视频影像资料，这些方法只要对教学有所帮助，并且行之有效，都可以应用。

　　如在学习《沁园春·长沙》时，我们在朗诵诗歌之后，先展示一幅伟人毛主席独自伫立秋景的图片，再动态展现滚滚而去的湘江水、橘子洲、千帆竞发、雄鹰翱翔长空、天地万山辽阔的图片，通过一组图片展示，使同学们更为直观地感受到祖国大好河山的雄浑壮阔，感受到一代伟人开阔的胸怀和远大的抱负；又如在学习江非的诗歌《妈妈》时，我们也可以用组图对比的形式，把"城市意象"和"农村意象"进行鲜明的对比，先是呈现地铁、电车、玛丽莲·梦露、飞机、点钞机这些鲜明的城市意象，进而展现一位农村母亲上山打柴的农村妇女形象。这两组意象的鲜明对比，恰恰反映了诗歌主题——当现代文明席卷而来的时候，农业文明该走向何处，这是一个值得时代深思的问题。

上面介绍的两种方法是比较常见的情境教学法，在具体运用的过程中一定要根据诗歌具体的特点，采取适当的方法才能获得更好的效果。

四、结合地方文化特色，打造诗意校园

校园"诗教"就是根据学校自身资源和空间范围以及学校办学的特色，形成的符合本校的办学理念和校园文化。在弘扬"诗教"时，我们可以结合本地的文化特色，打造符合当地的校园文化特色，从而使学生在校园中受到一种潜移默化的熏陶。校园"诗教"具体来讲，可分为物质和精神两个层面。

（一）校园"诗教"的物质层面

从物质层面来讲，校园建筑布局，包括图书馆、教学楼、学生公寓以及亭台楼榭、花圃等，这些都是校园文化的物质层面，它们的设计风格往往传递着校园的文化。从"诗教"的层面来讲，校园的物质文化应该体现诗意，如建筑设计富有古典

简约之美，校园标语富有诗情画意，教学楼名称富有意蕴，这些都能体现校园诗意，进而营造潜移默化的"诗教"氛围，为校园"诗教"创造良好的外在环境。

（二）校园"诗教"的文化层面

从文化层面来讲，校园"诗教"的实施还应具备良好的软环境。如学校可以组建诗词社团，可以在老师的指导下，聘请本地知名的当代诗人学者作为社团顾问，社团组织内部要形成规章制度，有组织有计划地开办"诗教"活动。如果学校有一定的资源，还可以创办诗歌刊物，作为校园"诗教"成果的展示窗。师生可以把自己创作的优秀作品发表在学校刊物上，以供全体师生学习欣赏。这样能够激发广大师生学习诗歌的热情，促进校园"诗教"文化建设。

另外，可以结合本地的文化特色，组织人文旅游。每个地方都有自己的自然和人文风光，学校在保证安全的情况下，可以每年组织几次学生户外郊游。就铜仁市来讲，就有很多有名的景点，并且一些景点都附有诗词楹联，这些景点可以作为"诗教"的户外课堂，这种把"诗教"和旅游结合起来的方式，可以增强"诗教"的作用。学生在观光完这些旅游景点以后，教师可以鼓励学生创作诗歌记录自己的所见所感。

校园"诗教"的环境甚至较诗歌课堂教学更为重要，这种耳闻目染的影响是持续深远的，在实施"诗教"的过程中，学校应该结合本地的文化特色，打造诗意校园，为"诗教"实施创造良好的外在环境。

第四节 现当代诗歌“诗教”面临的困境及反思

本节旨在总结现当代诗歌实施“诗教”面临的主要困境，找到问题的症结所在，进而为如何更好地实施现当代诗歌“诗教”提出自己的思考和建议。

一、实施“诗教”面临的困境

综合以上的陈述，我们可以看出，虽然“诗教”对于高中语文教学具有重要的意义，但是实施“诗教”依然面临诸多的困境。

（一）现当代诗歌教学边缘化

现当代诗歌在高中语文教学中长期不受重视。从教材选篇上看，人教版高中语文教材的必修部分明显比其他版本的选篇量少，而且选篇的时代性不足，范围过于狭隘；从教师教学上看，受应试导向，很多教师对现当代诗歌不够重视，教学方法过于陈旧，也影响着诗歌的教学效果；从学生学情方面看，学生疲于应付考试，对不考查的内容基本上草草对待，缺乏学习现当代诗歌的热情；从高考模式上看，高考对现当代诗歌的内容考查少之又少，有的年份几乎不做考查，甚至高考作文明确限制诗歌体裁的创作。这导致教师对现当代诗歌教学不够重视，现当代诗歌教学流于形式，无法充分发挥现当代诗歌的"诗教"作用。

这些不利的因素，形成了阻碍现当代诗歌发挥"诗教"作用的强大合力，导致现当代诗歌教学举步维艰。现当代诗歌教学的现状应该引起教育界的重视，力求改善现当代诗歌教学的尴尬境地。

（二）诗歌教学价值取向存在偏颇

现当代诗歌已有百年历史，其中不乏大量优秀的诗歌作品。这些诗歌作品是培养学生人文素养的优良载体，对学生的情感陶冶、审美提升、思维创新都有积极的促进作用。高中语文教学理应充分利用好现当代诗歌的"诗教"价值，以促进学生综合素养的提升。但是，受种种因素的影响，现当代诗歌教学的价值取向存在一些偏颇。

1.忽视了语文学科的人文性

多年以来，我们把语文学科当成一门工具性的学科，更多的是关注其交流和写作层面，对社会生活有用的就学习，而诗歌在生活中几乎毫无用处，所以很容易被忽视。语文学科更应该是一门人文性的学科，"语文核心素养"这一概念的提出就是对以往语文教学理念的修正。我们太过低估现当代诗歌对学生人文素养的陶冶作用，其优美的语言、丰富的想象、奇特的艺术手法、深刻的思想内涵，对提升学生人文素养发挥着不可替代的作用。而应试教育的本质是为了应付考试，采用机械的教学方法将语文知识应试化，对于考试有用的知识重点讲解，与考试无关的知识往往略讲或不讲，忽视了对学生人文素养的培养，导致学生出现"高分低能"的教育现象。此外，部分语文教师人文素养缺失，忽视了现当代"诗教"的人文价值，也影响着现当代诗歌教学的质量。

2.教材编写模式的僵化

长期以来，语文教材的编写工作几乎形成一种既定的模式，"参与语文教材编写工作的，主要是出版社编辑、教研机构教研员、教育部门相关领导以及部分中小学语文教师，人员相当稳定，而且基本是终身制"[1]。这就容易导致教材编写思维和模式的僵化，使教材在选篇数量、选篇内容、选篇时代性等方面有所不足，没能很好地体现现当代诗歌的"诗教"价值。近些年来，教材的编写情况有所改善，教材编写过程中，诗人、评论家都可以适当参与，这在一定程度上能够达到平衡，有利于教材编写更合理。

二、"诗教"研究应注重"新"质的挖掘

（一）应提倡新时期的"诗教"理念

"诗教"思想在我国已经有了几千年的发展历史，不同的历史时期，"诗教"的内涵因适应社会、政治、经济、文化的发展而变化。当今时代，我们应该结合当今语文教育改革的理念，丰富"诗教"新时期的思想内涵。

---

[1] 李节. 当前中学新诗教学的几个问题——访诗歌评论家吴思敬教授 [J]. 语文建设，2008（6）：39-40.

　　当今教育理念，更加注重学生的全面发展，"诗教"理念理应以提升学生的综合素养为宗旨，促进学生身心健康发展，以达到立德树人的目的；当今中华民族正在实现"中国梦"的伟大征程中，中国的发展离不开人才的培养，"诗教"应在培养学生的创新能力、社会责任意识、爱国情怀等方面发挥重要的作用，为实现伟大"中国梦"贡献自己的一分绵薄之力；优秀的民族文化需要传承，母语是现当代诗歌的语言载体，应通过学习现当代诗歌优秀作品，增进学生对母语的热爱，开阔学生视野，充分吸纳现当代诗歌中的优秀文化精神，增加学生对于世界各民族优秀文化的了解。

　　（二）"诗教"应探究新的教学规律

　　现当代诗歌与古典诗歌有着"质"的区别。从思想情感上看，古典诗歌的思涵内涵相对单一，思乡怀人、爱国忧民、羁旅之苦、感物伤怀、热爱自然、恬静闲适等，这是古典诗歌常见的思想情感。而现当代诗歌的思想情感更趋个性化和多元化，可以声嘶力竭地表达对自由及个性解放的追求（《天狗》），可浅唱低吟地表达对康桥的依依不舍之情（《再别康桥》），也可以深切地表达对大堰河的无限感激和思念（《大堰河——我的保姆》），还可以激情澎湃地表达伟大的革命豪情和对祖国山河的热爱（《沁园春·长沙》）。可以看出，现当代诗歌思想情感更趋个性化，更能表达现当代人们复杂微妙的思想情感；从诗歌意象上看，古典诗歌的意象包括，月亮、鸿雁、芳草、飞鸟、西风、长亭、杨柳等，这些古典意象一般都带有特定的意义，而现当代诗歌的意象往往是作者主观情感所赋予的意义，如雨巷、丁香、草叶、浮云、地铁、玛丽莲·梦露、钞票、电车、蛇等，这些意象一般带有诗人鲜明的主观情感色彩。从诗歌语言形式上，古典诗歌讲究严格的平仄押韵，而现当代诗歌的语言更趋大众化、平民化。

这些"质"的不同，决定了现当代诗歌"诗教"应充分考虑到新诗文体的特点，探索符合新诗教学规律的新方法，从而真正抓住新诗教学的"新质"。

（三）"诗教"应以促进学生全面发展为导向

现当代诗歌教学过分注重理性解读而忽视其情感诗性，也是诗歌教学的一大弊病。林语堂说："诗歌教会中国人一种生活观念，通过谚语和诗卷深切地渗入社会，给予他们一种悲天悯人的意识，使他们对大自然寄予无限的深情，并用一种艺术的眼光看待人生。"[1] "诗教"可以培养国民诗性思维，赋予人们一种诗意的人生态度。诗歌教学不应仅是考试的工具，更应以促进学生的全面发展为根本导向。应该结合时代的要求，丰富"诗教"内涵，以提升学生的人文素养为目标，在"审美、育德、创新、启智、爱国、陶情"等方面促进学生的全面发展。"诗教"理论是我国优良的教育传统，我们一定要继承好这份珍贵的文化遗产，将其发扬光大。

---

[1] 林语堂. 吾国与吾民 [M]. 上海：学林出版社，2007：181.

结　语

本书围绕中学语文现当代诗歌"诗教"这一主题展开研究。首先，分析了有关国内外研究现状，在此基础上，剖析目前"诗教"理论研究的不足，继而论证课题研究的可行性；其次，通过梳理"诗教"的产生与流变，论证当今"诗教"理论的合理性；再次，通过问卷调查和数据统计，对中学语文现当代诗歌的教学现状进行分析，找出存在的问题和原因；最后，结合分析结果和教学实际，根据初、高中不同学段现当代诗歌的教情、学情及相应的课程标准要求，提出有针对性的"诗教"策略，选择具有代表性的诗歌进行教学设计，以充分体现"诗教"的教育理念，并对"诗教"教学实践做出反思。

教学实践中发现，现当代诗歌蕴含着丰富的人文内涵，是发挥"诗教"理念的优良载体。本课题提出的具体的"诗教"策略，有切实的可操作性，这对于提升学生人文素养有着重要的作用。但是，现当代诗歌教学依然面临重重困境，这对发挥现当代诗歌的"诗教"作用十分不利。本课题的研究，热切希望能够引起教育界对现当代诗歌"诗教"研究的重视，以改善现当代诗歌教学的尴尬境地。

中学语文现当代诗歌的"诗教"研究符合当今语文教育改革的发展理念，能够提升学生的人文素养，促进学生的全面发展，也具有现实的必要性和可行性。中学语文教育应该重视现当代诗歌的"诗教"价值，继承好中华优良的"诗教"传统，并结合新的时代要求，丰富"诗教"理论，以促进我国本土"诗教"理论的发展，为促进学生的全面发展提供本土教学理论的支撑。但是也应该清醒地认识到，实施现当代诗歌"诗教"依然面临着诸多困境，需要引起教育界足够的重视，形成促进教育改革健康发展的强大合力，以破除现当代诗歌教学的层层障碍。

本课题的"诗教"研究以铜仁市区的某初中、高中为研究对象，研究成果受研究者自身能力及地域的限制，带有一定的局限性。广大师生应该结合当地具体的教情、学情，做到因地制宜，实事求是地看待"诗教"研究的理论成果。若研究成果存在有待完善之处，还望各位专家、学者批评指正！

参考文献

著作类

［1］陈澔注. 礼记［M］. 上海：上海古籍出版社，2016.

［2］程俊英. 诗经译注［M］. 上海：上海古籍出版社，2018.

［3］金良年. 论语译注［M］. 上海：上海古籍出版社，2012.

［4］朱熹集注. 论语　大学　中庸［M］. 上海：上海古籍出版社，2013.

［5］王志彬译注. 文心雕龙［M］. 北京：中华书局，2012.

［6］张少康. 中国文学理论批评史（下）［M］. 北京：北京大学出版社，2005.

［7］郭绍虞. 中国历代文论选：一卷本［M］. 上海：上海古籍出版社，2001.

［8］郭绍虞. 中国历代文论选：第4册［M］. 上海：上海古籍出版社，2001.

［9］中国社会科学院文学研究所. 唐诗选（上）［M］. 北

京：人民文学出版社，1978.

［10］李白.李白诗选.第1版［M］.北京：人民文学出版社，1954.

［11］张道文.杜甫诗传［M］.武汉：华中科技大学出版社，2013.

［12］龚克昌.白居易诗文选注［M］.上海：上海古籍出版社，1984.

［13］陆机著，张怀瑾译注.文赋译注［M］.北京：北京出版社，1984.

［14］陶渊明著，郭建平解评.陶渊明集［M］.太原：山西古籍出版社，2004.

［15］王安石著，高克勤选注.王安石诗词文选注［M］.上海：上海远东出版社，2013.

［16］朱自清.经典常谈［M］.北京：北京出版社，2004.

［17］朱光潜.朱光潜美学文集（第二卷）［M］.上海：上海文艺出版社，1982.

［18］宗白华.美学与意境［M］.北京：人民出版社，1987.

［19］叶朗.美学原理［M］.北京：北京大学出版社，2009.

［20］叶圣陶.叶圣陶语文教育论集［M］.北京：教育科学出版社，1980.

［21］闻一多，周良沛.闻一多诗集［M］.成都：四川人民

出版社. 1984.

［22］叶橹.艾青诗歌鉴赏［M］.南宁：广西教育出版社，1986.

［23］吕进.新诗的创作与鉴赏［M］.重庆：重庆出版社，1982.

［24］孙汝皇.诗教文化刍论［M］.武汉：华中科技大学出版社，2017.

［25］邵庆祥.人文素养与中华诗教［M］.杭州：浙江大学出版社，2011.

［26］童庆炳.中国古代文化论的现代意义［M］.北京：北京师范大学出版社，2001：95.

［27］剑男主编.备课到底备什么·语文名师备教手记［M］.武汉：长江文艺出版社，2018：112–122.

［28］段昌平.语文课堂教学操作艺术［M］.北京：中央编译出版社，2012：83.

［29］张学凯，刘丽丽.语文课程教师专业技能训练［M］.2017：82.

［30］倪文锦.高中语文新课程教学法［M］.北京：高等教育出版社，2004.

［31］张清，刘蕾.青少年发展与教育心理学［M］.北京：北京大学出版社，2017.

［32］白落梅.你若安好　便是晴天：林徽因传［M］.长沙：湖南文艺出版社，2011.

［33］白衣萧郎.三生三世　犹忆当时［M］.北京：北京联合出版公司，2012.

［34］上海辞书出版社文学鉴赏辞典编撰中心.新诗鉴赏辞典［M］.上海：上海辞书出版社，2017.

［35］伍蠡甫.欧洲文论简史［M］.北京：人民文学出版社，1985.

［36］伍蠡甫.西方文论选，上卷［M］.上海：上海译文出版社，1988.

［37］贺拉斯.诗学·诗艺［M］.北京：人民文学出版社，1962.

［38］亚里士多德.诗学·诗艺［M］.罗念生，译.北京：人民文学出版社，1962.

［39］教育部.义务教育教科书语文七年级上册［M］.北京：人民教育出版社，2018.

［40］教育部.义务教育教科书语文七年级下册［M］.北京：人民教育出版社，2018.

［41］教育部.义务教育教科书语文九年级上册［M］.北京：人民教育出版社，2018.

［42］教育部.义务教育教科书语文九年级下册［M］.北京：人民教育出版社，2018.

［43］课程教材研究所.普通高中语文课程实验教科书语文必修一［M］.北京：人民教育出版社，2007（2）.

［44］课程教材研究所.普通高中语文课程实验教科书语文

必修二［M］.北京：人民教育出版社，2006（2）.

［45］课程教材研究所.普通高中语文课程实验教科书语文选修中国现当代诗歌散文欣赏［M］.北京：人民教育出版社，2006（1）.

期刊类

［1］于漪.弘扬人文，改革弊端——关于语文教育性质观的反思［J］.语文学习，1995（06）：2-5.

［2］黄厚江.试论语文课程人文性的基本内涵［J］.中学语文教学，2007（8）.

［3］温儒敏.小学语文中的"诗教"［J］.课程·教材·教法，2019（6）：7.

［4］顾之川.论语文学科核心素养［J］.中学语文教学，2016（3）.

［5］王云峰.语文素养及其培养［J］.中学语文教学，2016（11）.

［6］雷实.谈谈"语文素养"［J］.课程·教材·教法，2014（12）.

［7］谢有顺."诗教"的当下意义［J］.文艺争鸣，2010（23）.

［8］梁东.诗教，为了中华民族的振兴［J］.教育与职业，2004（01）.

［9］鲁金华.诗教：孔子的价值取向与教学方法［J］.华中科技大学学报（社会科学版），2003（03）.

［10］郜东星. 放弃诗教：中国教育的百年迷途［J］. 当代教育论坛，2011（16）.

［11］张国庆. 儒家诗教的历史遭际和古今意义［J］. 文学评论，1995（03）.

［12］李翠叶.《诗》语义与儒家诗教体系的形成［J］. 文学评论，2012（02）.

［13］马银琴. 论孔子的诗教主张及其思想渊源［J］. 文学评论，2004（05）.

［14］黄志浩. 孔子的诗教与教诗［J］. 甘肃社会科学，2008（04）.

［15］徐梅. 论儒家的审美教育思想［J］. 教育探索，2010（06）.

［16］马德俊. 当代诗歌传统审美价值的失落与新变［J］. 中国人民大学学报，1989（05）.

［17］龙泉明. 二十年代象征主义诗歌论［J］. 文学评论，1996（1）.

［18］聂珍钊. 论诗与情感［J］. 山东社会科学，2014（8）.

［19］孙轶青. 为校园诗教高歌礼赞［J］. 教育与职业，2004（1）.

［20］于俊英. 经典诗歌诵读对高职学生可持续发展能力的作用——鉴于语文经典诵读探讨义［J］. 语文建设，2014（27）.

［21］李节. 当前中学新诗教学的几个问题——访诗歌评论家吴思敬教授［J］. 语文建设，2008（6）.

［22］朱利萍. 教育性的回归：高等职业教育的当代命题——基于诗教美育的实践选择及其策略［J］. 中国高教研究，2010（03）.

［23］查有梁. 发扬诗教功能　建构诗意人生——兼评《诗意语文学本》［J］. 中国教育学刊，2007（04）.

［24］孙德旭，曲奎国，姜爱玲. "诗教"的德育功能及其实施［J］. 当代教育科学，1996（4）.

［25］邵庆祥，裘文意. 当代诗教美育的意蕴、原则及其实践策略［J］. 当代文坛，2010（1）.

［26］吴忠孝. 诗教：语文教育人文性建构的有效途径［J］. 福建教育学院学报，2014，15（5）.

［27］杨叔子. 经典需诵读，诗教应先行——一项弘扬与培育民族精神的战略措施［J］. 华中科技大学学报（社会科学版），2004，18（1）.

［28］杨叔子. 知否诗魂是国魂［J］. 华中科技大学学报（社会科学版），2011，25（1）.

［29］张天宝. 论学生的主体性及其基本特征［J］. 教育学术月刊，1996（6）.

［30］郑天豪. 素质教育呼唤诗教［J］. 福州大学学报（哲学社会科学版），2000，14（3）.

［31］蔡世华. 论先秦"诗教"传统的起源与兴衰［J］. 中

国矿业大学学报（社会科学版），2004（04）.

［32］葛景春.从古代诗教到当代诗教——诗教源流及其发展［J］.中原文化研究，2015（02）.

［33］蓝冰.试论"诗教"传统的继承与演变——兼论"诗教"传统的当下意义［J］.辽宁师范大学学报（社会科学版），2009（04）.

［34］孙德旭，曲奎国，姜爱玲."诗教"的德育功能及其实施［J］.山东教育科研，1996（04）.

［35］孙国华.人生哲理的智慧言说——卞之琳《断章》诗意的语言解读［J］.语文知识，2015（02）.

［36］苏亦工.试论中国诗教传统的社会批评功能：从言者无罪到表达自由［J］.政法论坛，2011（05）.

［37］唐燕.人心暴戾的化育：学生暴力行为的诗教可能［J］.湖南师范大学教育科学学报，2016（03）.

［38］陈家尧.诗歌教学教什么——关于四十年诗歌教学内容研究的思考［J］.中学语文教学，2019（2）：4.

学位论文类

［1］杨喜华.中学语文教学呼唤"诗教"回归［D］.长沙：湖南师范大学，2003.

［2］陈海燕.浅论"诗教"和提高中学生素质［D］.上海：华东师范大学，2006.

［3］廖毅斐.新课标指导下的诗教探究与成效［D］.福州：福建师范大学，2006.

〔4〕苏静.诗意让教育如此美丽——"新诗教"的理论与实践研究〔D〕.苏州：苏州大学，2007.

〔5〕张秀英.先秦时期的教育与《诗》教〔D〕.北京：首都师范大学，2008.

〔6〕杨亚平.新课程视阈下语文"诗教"功能斠原与骨力彰显〔D〕.上海：上海师范大学，2012.

〔7〕卢倩.孔子"兴观群怨"诗教观的现代教育意义研究〔D〕.武汉：湖北大学，2014.

课程标准

〔1〕中华人民共和国教育部.义务教育语文课程标准（2011年版）〔S〕.北京：北京师范大学出版社，2018.

〔2〕中华人民共和国教育部.普通高中语文课程标准（2017年版2020年修订）〔S〕：北京：人民教育出版社，2020.

报刊

〔1〕刘恒.孔子"诗教"的核心观念〔N〕.光明日报，2020 - 08 - 22.

附录1：调查问卷

问卷编码：

初中语文现当代诗歌学习情况调查问卷（学生卷）

亲爱的同学：

你好！为了解当前初中语文现当代诗歌学习现状，保证现当代诗歌教学策略的有效性，我们特展开本次问卷调查。本次问卷采用匿名方式，我们将对你回答的内容严格保密。希望能得到你真实的想法与宝贵意见，衷心地感谢你对我们工作的支持！

1. 你是否喜欢教材中的现当代诗歌？（　　　）

   A. 非常喜欢 　　　　　　　　B. 大多数喜欢

   C. 大多数不喜欢 　　　　　　D. 全都不喜欢

2. 你是否常常会主动学习课外现当代诗歌？（　　　）

   A. 经常主动学习 　　　　　　B. 偶尔主动学习

   C. 视情况而定 　　　　　　　D. 几乎不主动学习

3. 你是否经常参加与现当代诗歌有关的活动？（　　　）

   A. 经常参加 　　　　　　　　B. 偶尔参加

   C. 视情况而定 　　　　　　　D. 几乎不参加

4. 你学习现当代诗歌的目的是？（　　　）

　　A. 提高审美能力　　　　　　B. 考试需要，得高分

　　C. 陶冶情操　　　　　　　　D. 个人兴趣发展

5. 你学习现当代诗歌的途径主要是？（可多选）

　　A. 课堂学习　　　　　　　　B. 利用网络资源学习

　　C. 通过课外活动学习　　　　D. 和同学教师交流学习

6. 你认为学习现当代诗歌应把握哪几点？（可多选）

　　A. 了解作者及创作背景　　　B. 诗歌语言

　　C. 诗歌情感　　　　　　　　D. 诗歌艺术手法

7. 你学习现当代诗歌的难点是？（可多选）

　　A. 诗歌本身难度大，不易理解

　　B. 缺乏现当代诗歌学习的氛围

　　C. 考点涉及少

　　D. 对教材选篇不感兴趣

8. 你会经常诵读现当代诗歌吗？（　　　）

　　A. 经常诵读　　　　　　　　B. 偶尔诵读

　　C. 看情况　　　　　　　　　D. 几乎不诵读

9. 你会经常进行现当代诗歌创作吗？（　　　）

　　A. 经常创作　　　　　　　　B. 偶尔创作

　　C. 看情况　　　　　　　　　D. 几乎不创作

10. 你能够背诵多少首现当代诗歌？（　　　）

　　A. 1～3首　　　　　　　　　B. 4～5首

　　C. 6～10首　　　　　　　　 D. 11首以上

11. 请列举3～5位你喜欢的现当代诗人。

_____

12. 请列举3～5首你最喜欢的现当代诗歌。

_____

13. 你认为什么样的教学方式能够帮助你学习现当代诗歌？请列举几条。

_____

问卷编码：

初中语文现当代诗歌教学情况调查问卷（教师卷）

尊敬的老师：

　　您好！为了解当前初中语文现当代诗歌教学现状，保证现当代诗歌教学策略的有效性，我们特展开本次问卷调查。本次问卷采用匿名方式，我们将对您回答的内容严格保密。希望能得到您真实的想法与宝贵意见，衷心地感谢您对我们工作的支持！

1. 您喜欢现当代诗歌吗？（　　　）

　　A. 非常喜欢　　　　　　B. 比较喜欢

　　C. 一般喜欢　　　　　　D. 不太喜欢

2. 您喜欢教学现当代诗歌吗？（　　　）

　　A. 非常喜欢　　　　　　B. 比较喜欢

　　C. 一般喜欢　　　　　　D. 不太喜欢

3. 您认为现当代诗歌的教学意义是？（可多选）

　　A. 提升学生审美　　　　B. 陶冶情操

　　C. 应试　　　　　　　　D. 弘扬中华优秀文化

4. 您认为教材中现当代诗歌的编排合理吗？（　　　）

　　A. 非常合理　　　　　　B. 比较合理

　　C. 一般合理　　　　　　D. 不太合理

5. 您认为现当代诗歌学习的主要内容是？（可多选）

　　A. 诗歌情感　　　　　　B. 诗歌语言

　　C. 诗歌艺术手法　　　　D. 背诵应试名句

6. 您会用古代诗歌的教学方法教学现当代诗歌吗？（　　　　）

　　A. 经常会　　　　　　　B. 比较会

　　C. 偶尔会　　　　　　　D. 几乎不会

7. 您会采用现代教学技术多方位教学现当代诗歌吗？（　　　　）

　　A. 经常会　　　　　　　B. 比较会

　　C. 偶尔会　　　　　　　D. 几乎不会

8. 您最常采用的教学方式是？（　　　　）

　　A. 教师讲解为主

　　B. 教师讲解与学生探讨相互配合

　　C. 学生自学为主，适当点拨

　　D. 视情况而定

9. 您在设计现当代诗歌教案时，主要参考？（　　　　）

　　A. 教学参考书　　　　　B. 个人经验结合课标要求

　　C. 教参结合网络资源　　C. 三者都有

10. 您会经常组织学生进行现当代诗歌朗诵等活动吗？（　　　　）

　　A. 经常会　　　　　　　B. 比较会

　　C. 偶尔会　　　　　　　D. 几乎不会

11. 您会鼓励学生创作现当代诗歌吗？（　　　　）

　　A. 经常会　　　　　　　B. 比较会

　　C. 偶尔会　　　　　　　D. 几乎不会

12. 您认为现当代诗歌能发挥现当代的"诗教"作用吗？（　　　）

　　A. 非常能　　　　　　B. 比较能

　　C. 一般能　　　　　　D. 几乎不能

13. 您认为就目前的您所知的现当代诗歌教学现状，应从哪些方面着手改进？（可多选）

　　A. 学校资源　　　　　B. 社会辅助

　　C. 课程设置　　　　　D. 考试比例

问卷编码：

高中语文现当代诗歌学习情况调查问卷（学生卷）

亲爱的同学：

你好！为了解高中语文现当代诗歌的学习情况，为改进教学策略提供依据，我们对你进行问卷调查。本问卷采用匿名方式，我们将对你的回答内容严格保密。答案没有对错之分，请你根据自己的情况真实填写，衷心地感谢你对我们工作的支持！

1. 你是否喜欢现当代诗歌？（　　）

　A. 非常喜欢　　　　　B. 比较喜欢

　C. 一般　　　　　　　D. 不太喜欢

2. 你会主动学习选修教材中的现当代诗歌吗？（　　）

　A. 挑重点学习　　　　B. 基本上都学

　C. 偶尔学习　　　　　D. 几乎不学习

3. 你学习现当代诗歌的主要目的是？（　　）

　A. 提升语文素养　　　B. 考试需要，得高分

　C. 陶冶情操　　　　　D. 个人消遣

4. 你鉴赏现当代诗歌会从哪几个方面入手？（可多选）

　A. 创作背景　　　　　B. 诗歌语言

　C. 诗歌情感　　　　　D. 诗歌表现手法

5. 你学习现当代诗歌的主要方式是？（　　　）

　　A. 老师讲，自己听　　　B. 师生互动交流

　　C. 自主学习　　　　　　D. 同学相互交流

6. 你会经常诵读现当代诗歌吗？（　　　）

　　A. 经常会　　　　　　　B. 有时会

　　C. 很少　　　　　　　　D. 基本不会

7. 对于现当代诗歌当中的角色扮演活动，你会积极参加吗？

　　　　　　　　　　　　　　　　　　（　　　）

　　A. 经常　　　　　　　　B. 有时

　　C. 很少　　　　　　　　D. 从不

8. 你平时会进行一些现当代诗歌创作吗？（　　　）

　　A. 经常　　　　　　　　B. 有时

　　C. 很少　　　　　　　　D. 从不

9. 在学习现当代诗歌时，你会产生联想吗？（　　　）

　　A. 经常产生　　　　　　B. 很少产生

　　C. 自己读时产生　　　　D. 老师讲时产生

10. 鉴赏现当代诗歌，你会产生情感的共鸣吗？（　　　）

　　A. 经常　　　　　　　　B. 有时

　　C. 很少　　　　　　　　D. 没有

11. 你们班上学习现当代诗歌的课堂气氛如何？（　　　）

　　A. 充满活力与互动　　　B. 紧张严肃

　　C. 平淡安静　　　　　　D. 沉闷，只有老师讲授

12. 你一共会背诵多少篇现当代诗歌？（　　　）

A. 0～3　　　　　　　B. 4～6

C. 7～10　　　　　　D. >10

13. 你认为高考应该考查现当代诗歌部分吗？并简要说明理由。

A. 应该　　　　　　B. 不应该

_____

_____

14. 你对学习现当代诗歌有什么建议？请简要谈谈。

_____

_____

问卷编码：

高中语文现当代诗歌教学情况调查问卷（教师卷）

尊敬的老师：

　　您好！为了解高中语文现当代诗歌的教学情况，为建构科学的教学策略提供依据，我们对您进行问卷调查。本问卷采用匿名方式，我将对您的回答内容严格保密。答案没有对错之分，请您根据自己的情况真实填写，衷心地感谢您对我们工作的支持！

1. 您认为有必要加强现当代诗歌的教学吗？（　　　）

　　A. 非常有必要　　　　　B. 有必要

　　C. 比较有必要　　　　　D. 没有必要

2. 您会用古典诗歌的教学方法教学现当代诗歌吗？（　　　）

　　A. 经常　　　　　　　　B. 偶尔

　　C. 很少　　　　　　　　D. 从不

3. 您教授现当代诗歌面临的主要困惑是？（　　　）

　　A. 学生兴趣不大　　　B. 高考压力影响教学

　　C. 学生知识面狭窄　　D. 课时分配不够

4. 您认为现当代诗歌的教学价值体现在？（可多选）（　　　）

　　A. 提升语文素养　　　　　　B. 继承和弘扬优秀文化

　　C. 提高审美能力，陶冶性情　D. 考试需要，得高分

5. 您对于现当代诗歌教学目标的设定主要依据（　　　）

    A. 优秀参考教案　　　　B. 教学经验

    C. 课程标准　　　　　　D. 考试知识点

6. 您讲解现当代诗歌主要从哪几个方面入手？（可多选）

    A. 创作背景　　　　　　B. 语言、修辞

    C. 意境和情感　　　　　D. 表现手法

7. 您讲解现当代诗歌的主要方式是？（　　　）

    A. 逐句串讲　　　　　　B. 朗诵背诵

    C. 师生共同探讨　　　　D. 学生自主学习

8. 在现当代诗歌课堂上，您会留给学生多久思考时间？（　　　）

    A. 2分钟　　　　　　　B. 5分钟

    C. 10分钟　　　　　　　D. 20分钟

9. 您的班级会开展现当代诗歌朗诵比赛吗？（　　　）

    A. 经常　　　　　　　　B. 偶尔

    C. 很少　　　　　　　　D. 从不

10. 您会对学生现当代诗歌的学习效果进行考查吗？（　　　）

    A. 经常会　　　　　　　B. 有时会

    C. 很少会　　　　　　　D. 从不考查

11. 您认为高考应该考查现当代诗歌吗？（　　　）

    A. 应该，且应提高比重

    B. 应该，但不应有很高比重

    C. 不应该，会加重学生学习负担

    D. 不应该，没有太大的人文价值

12. 您认为现当代诗歌可以多大程度地发挥"诗教"作用？（　　　）

    A. 很大程度上　　　　　B. 一定程度上

    C. 作用不大　　　　　　D. 几乎不能

13. 您对现当代诗歌教学现状持什么态度？（　　　）

    A. 很乐观，教学效果显著　B. 比较乐观，有待改进

    C. 教学效果不太理想　　　D. 比较失望

附录2：教学设计（选篇）

《荷叶·母亲》教学设计

《荷叶·母亲》是七年级上册第二单元第七课的一首情味与意味兼具的散文诗。该诗借景抒情，由荷叶护红莲的场景联想到母亲对孩子的保护，从而抒发作者对母爱的赞颂。情味浓烈，意味潜藏。教师教学这首诗歌时，以显性的诗歌情感为切入点，在总结诗歌内容时，提示学生要善于留心观察生活中的小事物。

一、教学目标

（1）准确流利地朗读课文，读出诗歌情感。

（2）学习借景抒情的写法，品味清新典雅的诗歌语言。

（3）结合自身实际，感悟诗歌情感，学会感恩。

二、教学重难点

重点：学习借景抒情的写法。

难点：结合自身实际，感悟诗歌情感，学会感恩。

三、教学课时

1课时

四、教学过程

（一）导入

图片导入，以2张母亲保护孩子的图片导入新课，引发学生共情。第一张：画面中大雪纷飞，母亲的头上、肩上满是雪，脸被冻得通红，嘴里咬着一处衣角，仔细看，衣服里藏着幼小的孩子，原来，母亲因双手拎着各种行李没法用手抱住小孩，却用这样的方式为孩子挡住风雪。第二张，汶川大地震时，图中的母亲正带着孩子吃午饭，当她感受到地震来临时，下意识地用身体死死地护住孩子，当搜救团队从废墟中挖出母女时，花了很长时间才将母亲和孩子分离开。都说"女本柔弱，为母则刚"，母亲就这样用自己小小的身子为我们撑起一片蓝天。我们是否该为母亲点个赞呢？接下来，请同学们翻开课本27页，走进冰心的《荷叶·母亲》。

1. 知识科普

《荷叶·母亲》是一首现代散文诗，一般称1919—1949年的诗歌为现代诗歌，1949年至今的诗歌称为当代诗歌。现当代诗可分为散文诗、哲理诗、叙事诗等。

2. 质疑标题

荷叶和母亲有什么关系？

3. 作者简介

冰心，原名谢婉莹。福建长乐人，作家、诗人。著有诗集《繁星》《春水》，散文集《寄小读者》《樱花赞》等。母爱、童心、大自然是冰心写作的三大主题。（该诗主要让学生感受亲情，领悟母爱的伟大，学会感恩。教师可以引导学生从冰心常用的写作主题去揣摩文意，不用介绍过多的诗歌创作背景。）

4. 检查预习

（1）读准字音：并蒂、姊妹、菡萏、攲斜、隐蔽。

（2）解释词语：菡萏、攲斜、隐蔽、慈怜、并蒂莲。

（二）朗读诗歌，整体感知

（1）自由朗读课文：①找一找课文哪一段最能表达诗歌感情。

②诗歌表达了作者怎样的感情？

（2）全班齐读诗歌，注意读出诗歌感情。

（3）抽学生朗读。

（三）细读诗歌，深入文本

（1）诗歌第一段点明院子里有两种莲花，这两种莲花在经过一夜风雨后，结局相同吗？写两种不同的荷花目的何在？简要谈一谈。

（2）细读课文，找出作者观花时，心情变化的词语，并说一说这些表现情绪的词语有什么作用。

（3）细读诗歌第三段，谈谈第三自然段的作用。

（引导学生理解从物到人的过渡，学习作者从日常生活中撷取细小的物象，捕捉刹那间的灵感，抒发内心丰富的情感的写作技巧，感受借物喻人这一表现手法的运用。）

（4）仔细品读最后一个自然段，"心中的雨点"指什么？谈谈最后一个自然段的作用。

（该环节主要通过教师精准的提问，引导学生深入诗歌学习，明确诗歌运用的修辞手法、写作技巧，感受诗歌情感。）

（四）拓展延伸

小组交流：《荷叶·母亲》，作者通过荷叶护莲联想到母亲对孩子的保护，赞颂了母爱的伟大。同学们，结合生活实际想一想，你的母亲为你做过哪些事情，从这些事件中，你感受到了什么？

（本环节主要加深学生对诗歌情感的理解，并将课本中感受到的情感转化为个人真实的情感体验。）

（五）总结

《荷叶·母亲》是一首现代散文诗，作者以白莲和红莲做对比，联想到母亲对"我"的保护，借物喻人的表现手法，表达了"我"对母亲的赞颂，歌唱母爱的伟大。同学们，其实母爱就在我们身边，只要我们留心观察、细心体会，就能感受到母亲浓浓的爱意，让我们再次齐读诗歌，感受母爱的伟大。

五、板书设计

荷叶·母亲（作者：冰心）

白莲——凋谢

对比：突出母爱的伟大

红莲——亭亭玉立

六、作业布置

（1）背诵全文。

（2）模仿诗歌的写作技巧，仿写一篇抒发母亲的爱的诗歌，100字左右。

（3）课外阅读冰心的《繁星》《春水》。

《大堰河——我的保姆》教学设计

一、教学目标

（1）体会诗歌表达的深刻情感。

（2）通过细节描写，分析大堰河的人物形象。

（3）分析排比、反复修辞手法的作用。

（4）引导学生联系生活实际，理解大堰河诗歌形象的当代意义。

二、设计思路

（1）加强诵读。这首诗歌的抒情性色彩浓厚，应引导学生反复朗诵，体会诗人内心的情感。

（2）发挥学生的主体性作用。让学生积极地参与学习过程，培养学生懂感恩、知怜悯的健康丰富情感。

（3）开拓课程资源，引导学生联系生活实际，体会表达的深层次社会内涵，培养学生的社会关怀意识。

三、课时安排

2课时

四、教学过程

（一）课文导入，知人论世

1.教学导入

以《懂你》作为导入音乐，这首歌曲讴歌了一位母亲无私把所有的爱奉献给儿女而默默老去的形象。母爱是无私的，古往今来，无数的诗人歌者讴歌了母爱的伟大，今天我们将要学习一首讴歌母爱的著名现当代诗歌——《大堰河——我的保姆》。（板书题目）

2. 作者背景简介

作者：艾青（1910—1996），原名蒋海澄，浙江金华人，现代著名诗人、文学家，《大堰河——我的保姆》是其成名之作，代表作品有《向太阳》《火把》《北方》等。

创作背景：艾青出生时，母亲难产，算命先生说他命里"克父母"，所以他被父母送到一位贫苦农妇家抚养，这位农妇就是"大堰河"。艾青就是喝着大堰河的奶长大的，大堰河对艾青像亲儿子一样疼爱，给了他无数的温暖和关爱。5岁时，艾青被亲生父母领回家上学，在家里受到了父母的冷遇和歧视。1932年冬天，诗人身在囹圄之中，看到铁窗外面漫天飞雪，想到长埋雪地之下的保姆大堰河，直抒胸臆，写下了这些同情贫苦百姓、厌恶世界不公的经典之作。

3. 课文整体感知

（1）老师范读。

（2）学生自由诵读，把握朗诵情感、节奏。

（3）划分诗歌结构，并理解诗人表达的情感。

第一部分（1～2节）：交代了大堰河和"我"的阶级出生虽然不同，但是"我"却与她有着割舍不断的联系，大堰河是我的保姆，我是吃着她的奶长大的。

第二部分（3～10节）：诗人通过大量的细节描写反映了大堰河勤劳善良而又命运坎坷的一生。第3节描写大堰河荒凉的坟墓破败的家园；第4节叙述了大堰河繁重的劳动却给过我无限的温暖，诗句中连用八个排比，展现了大堰河的勤劳善良；第5节叙述我离开大堰河时，她哭了；第6节讲述了"我"回到自己家中的情景，在自己的家感到忸怩不安；第7节写大堰河哺乳了"我"之后，用双手开始辛勤的劳动，她始终含着笑，反映了她对生活的乐观态度；第8、9节表现了大堰河深爱着"我"，她对"我"寄予了厚望；第10节写"我"不在大堰河身旁，她悄然地离开了人世。

第三部分（11～13节）：对大堰河的讴歌和赞美。表达了诗人对大堰河的深切同情，对像大堰河一样的贫苦百姓崇高的赞美之情，对黑暗社会不公深切的痛恨之情。

板书设计：

大堰河——我的保姆 $\begin{cases} 第一部分（1～2节）：怀念、难忘 \\ 第二部分（3～10节）：深爱、诅咒 \\ 第三部分（11～13节）：歌颂、赞扬 \end{cases}$

（二）师生共同探究，体会诗歌情感

（1）细读课文，说说诗歌里的大堰河是一个怎样的形象？

明确：她用"厚大的手掌"洗衣、做饭、砍柴、喂猪、缝衣服、抚摸"我"，反映出她勤劳善良；她在劳动时，总是"含着笑"，体现了她乐天安命、乐观开朗；她终日不停劳累，反映出她负担繁重，家境贫苦；她"深爱着她的乳儿"，对乳儿赞不绝口，她在梦中希望乳儿结婚时能够叫她一声妈，体现了她对乳儿深沉的爱。大堰河是旧中国典型劳动妇女形象，她勤劳善良、无私奉献，但又命运悲苦，身世凄凉。她代表着中国千千万万的劳苦百姓，诗人赞美大堰河，也是赞美像大堰河一样勤劳善良的劳动人民。

（2）诗歌第8节中说："大堰河曾做了一个不能对人说的梦"，试分析这个梦为什么不能说？

明确：大堰河梦见在乳儿的婚礼上，儿媳妇亲切地叫了她一声"婆婆"，但是大堰河从未对外人说起，这反映了当时社会森严的阶级观念。乳儿是地主家的儿子，大堰河只是一个雇佣的保姆，大堰河没有说出这个梦，体现了大堰河对乳儿深沉的爱。

（3）诗中第12段写"呈给你黄土下紫色的灵魂"，请问为什么诗人说大堰河的灵魂是紫色的？

明确：紫色是高贵和纯洁的象征，灵魂本来是没有颜色的，但诗人形容大堰河的灵魂是紫色的，表达了诗人对大堰河深切的歌颂和感激之情。

（三）沉吟章句，探究艺术表现手法

（1）诗歌中运用了大量的排比、反复句式，请找出来，分析有怎样的表达效果？

明确：诗歌中第4节连用八个"在你……之后"排比，一方面反映了大堰河劳动的繁重，另一方面表现了大堰河对乳儿的爱；第7节连用六个"她含着笑，……"的排比，表现了大堰河乐观积极的人生态度；第11节连用五个"同着……"的排比，反映出大堰河命运悲苦的一生。大量排比的运用，使诗歌形式整齐，节奏明朗，气势酣畅。诗歌中还运用大量的反复手法。如第1节、第3节、第4节的首尾两句相同，第6～11节中的反复句式的运用，使诗歌的情感回环往复，加强了诗歌的抒情色彩。

（2）诗歌中运用了一处对比手法，请找出，并分析有什么作用？

明确：诗中的第4和第6节运用了对比描写，使"大堰河"和"我"的家境状况形成了鲜明的对比，而且描述了诗人在两个家庭受到的不同对待，反映了诗人情感上的亲疏和爱恶，反映了诗歌的情感倾向。

（3）请找出诗歌中的一些细节描写，分析它们对诗歌情感表达有什么作用？

明确：如诗歌中第4节，连用八个"在你……之后"的细节描写，极力描述了大堰河劳动的繁重和身世的贫苦，另一方面又表明虽然大堰河劳动繁忙，但劳动之余依然把"我"抱在怀里，用手"抚摸我"。通过这些细节充分表达了大堰河勤劳善良，对乳儿深厚的爱；又如诗歌中第8节，运用几个普通生活细节，深刻地反映了她对乳儿的爱，年节里她为乳儿"忙着切冬米"，她把乳儿画的大红的关云长贴在显眼的位置，她对自己的邻居夸赞她的乳儿，她在梦中梦见乳儿的婚礼，这些动人的细节描写，表现了大堰河对乳儿伟大的爱。诗歌就是运用这些大量的细节描写，来抒发诗人浓烈的情感，表达了对大堰河养育之恩的无限感激之情。

（四）联系生活实际，培养学生社会关怀意识

让学生联系生活实际，我们身边依然有很多像大堰河一样的社会底层人民，请同学们用心观察生活，运用生活素材，写一首抒情诗歌或散文，以表达对他们的关切之情。

明确：引导学生联系生活实际，写身边的人和事，是为了培养学生的人文关怀意识，对社会底层人民怀有怜悯之心。同学的身边有很多类似大堰河的人，或是寒风中扫地的清洁工，或是贫病交加的老人，他们都是学生写作的素材，学生们应该细心观察生活，用写作反映他们的生活状况，提高自我的社会责任意识。

《故乡》教学设计

一、教学目标

（1）划分诗歌结构，整体感知诗歌内容。

（2）根据诗歌句式的变化，把握情感的波动。

（3）找出诗歌意象，分析其作用。

（4）分析诗歌中"痛苦"的本质，体会诗歌蕴含的哲理。

二、设计思路

（1）把朗诵贯穿到教学的整个过程，加深学生对诗歌情感的理解。

（2）通过诗歌的结构化分，层层分析，步步深入，探究诗歌蕴含的哲理。

（3）以师生共同讨论为主，引导学生思考探究，体会"痛苦"的本质内涵。

（4）比较阅读，选择一首主题相近的诗歌，比较分析其异同点。

三、课时安排

1课时

四、教学过程

（一）教学导入，整体感知课文

1. 教学导入

以中国关于"故乡"的诗句作为导入，古今中外，"故乡"是文人墨客笔下永恒的话题。"举头望明月，低头思故乡。"那是李白由月生情，表达了对远方故乡的思念；"驱马傍江行，乡愁步步生。"那是杜荀鹤伫立江边，心生思乡的哀愁；"年年春日异乡悲，杜曲黄莺可得知。"是韦庄身在异乡，激起思乡的悲思。诗人在外漂泊，遭遇人生挫折，往往会想起远在万里的故乡，今天我们也来学习一首关于"故乡"的诗歌，让我们一起品味诗人的情思。（板书题目）

2. 整体感知

（1）请同学们自由诵读，体会这首诗歌表达的是一个怎样的主题？

明确：这是一首表达诗人失恋后回到故乡寻找慰藉的内心独白，但是诗人并没有止于表达失恋的痛苦，而是升华了诗歌的情感主题，领悟到"痛苦"的本质。

依据是第5节中"爱情的痛苦"，以及最后一节的"生出来就是要去爱，去受痛苦"。

（2）介绍作者，了解创作背景。

明确：荷尔德林（1770—1843），德国著名诗人。两岁时丧父，1788年进入图宾根神学院毕业，与黑格尔、谢林是同学好友，他做过家庭教师，爱上了雇主的妻子，1798年因为不幸的爱情，身心交瘁，几乎处于精神分裂的边缘。1820年，他独自一人徒步横穿法国回到自己的家乡，后经亲人的照顾，精神状况大为好转，创作出不少佳作。1843年离世，后有几位诗人整理出版了他的诗集，直到20世纪人们认识到他诗歌的光辉。这首诗歌就是诗人失恋后的内心之作。

（3）老师范读，学生划分诗歌结构。

第一部分（第1节）：把"船夫"和"我"比对，将"痛苦"比作"财富"，写出了"我"身上的痛苦沉甸甸的感觉，但也不失为一种收获。

第二部分（2～4节）：诗人怀揣"痛苦"，回到故乡以寻求故乡的抚慰。通过句式的变换，反映情感的波折，通过对故乡山水的描写，反映内心的痛苦。

第三部分（5～6节）：升华情感主题。表达了对"痛苦"本质的思考，痛苦不会很快就消失的，"痛苦"是天神送给凡人的礼物，人生来就是要去爱，要去痛苦的。

板书设计：

故乡 ⎰ 第1节倾诉痛苦
⎱ （2～4节）寻求慰藉
（5～6节）升华痛苦

（二）反复吟诵，师生互动探究

（1）品读第1节，诗人把"痛苦"比作财富，分析有什么表达效果？

明确：诗人把"痛苦"比喻为"财富"。一方面，抽象的"痛苦"被具体化了，像财宝一样沉甸甸的，形象地描述出"痛苦"的感觉；另一方面，"痛苦"又不失是一种收获，反映了诗人对"痛苦"辩证地看待，独到的理解。

（2）朗诵诗歌2～4节，试从诗歌句式转换的角度分析诗歌情感的变化。

明确：第2节是疑问句，是一种质疑的语气，"我如回来，你们会答应再给我安宁？"，体现了诗人内心的疑虑；第3节是陈述句，"在清凉的溪边，我曾看水波嬉戏"，勾起了诗人对曾经过往的回忆，这个时候，诗人的内心是舒缓的；第4节是感叹句，"尊敬的安全的国境，母亲的家，亲爱的同胞的拥抱，我就要来向你们问好"，反映了诗人内心的期待。2、3、4节依次从"疑问句"到"陈述句"再到"感叹句"，反映了诗人内心对故乡从"疑虑"到"平静"，再到"期待"的情感变化。

（3）再次朗诵2～4节，找出诗歌中的"意象"，分析其作用。

明确：第2节有"河岸""森林"；第3节有"溪边""水波""大河""船只""群山"；第4节有"国境""家""同胞"。游子在外遭受人生的逆境，往往才会想起家乡的河流、山水、乡音和亲人，诗歌中对故乡意象的描写，映衬出诗人内心承受着痛苦，想要回到故乡需求心灵的安慰。

（4）重点品读5～6节，请问诗人回到故乡，寻求到内心的慰藉了吗？怎样理解诗人对"痛苦"的认识？

明确：没有，从第5节可知，诗人知道，即使回到故乡，爱情的痛苦也是无法很快就治愈的，即使听着安慰的催眠曲，也无法治愈诗人内心的创伤；第6节，"痛苦"是天神赐给我们的礼物，它是神圣的，我们身为凡人，生来就是要去爱，去承受痛苦的。5~6节诗人的情感得以升华，不再拘泥于失去爱情的伤痛，而是把"痛苦"的本质理解为"人生"的本质，"痛苦"与"人生"形影不离，生命正因为"痛苦"而变得神圣高贵。

（5）这首诗歌是写失去爱情后的痛苦，为什么诗歌的题目是《故乡》呢?

明确：故乡是诗人内心的归处，诗人在外遭遇了失恋的痛苦，所以他要回到家乡，以寻求心灵的慰藉。

（三）比较阅读，开拓课程资源

《故乡》和《当你老了》，都是表达爱情痛苦的诗歌，试着比较阅读，分析两首诗歌的不同点。

明确：思想内容不同，《故乡》因失去爱情，引发了诗人对痛苦本质的思考。而《当你老了》是写给年老之后情人的一首情诗，表达了诗人对永恒"爱情"的思索，随着岁月的流逝，愈加反衬出爱情的执着与真挚；抒情方式不同，《故乡》是以第一人称"我"诉说着内心的独白，而《当你老了》是以第二人称"你"对话的形式，表达爱情的真谛。一个是以"我"为中心，一个是以"你"为中心，使两首诗歌的抒情方式迥然不同。

（四）课外延伸，让学生领悟诗歌哲思

同学们通过学习《故乡》这首诗歌之后，一定会对人生的

"痛苦"有了更深层次的理解，课后，同学们可以相互讨论，谈谈你对人生"痛苦"的理解，或者是联系人生经历，写一篇关于"痛苦"的诗歌或散文。

明确：课后让学生相互讨论是为了加深学生对诗歌哲理性的思考。让学生结合自己的人生经历，写一篇关于"痛苦"的文章，既可以培养学生的写作能力，又可以培养学生直面苦难，积极向上的人生态度。